Un Curso de Meditación

EJEMPLAR DE PROMOCIÓN
PROHIBIDA SU VENTA

Un Curso de Meditación

21 días de práctica para reconectar con la conciencia

OSHO

Traducción de Esperanza Moriones

URANO
Argentina – Chile – Colombia – España
Estados Unidos – México – Perú – Uruguay

Título original: *A Course in Meditation – A 21-Day Workout for Your Consciousness*
Editor original: Harmony Books, New York
Traducción: Esperanza Moriones

El material de este libro se selecciona a partir de varias charlas de Osho entregadas a una audiencia en vivo. Todas las charlas de Osho se han publicado en libros y también están disponibles como grabaciones de audio originales. Consulte la biblioteca en línea de OSHO en www.osho.com.

OSHO is a registered trademark of Osho International Foundation, used with permission.

1.ª edición Febrero 2020

Reservados todos los derechos. Queda rigurosamente prohibida, sin la autorización escrita de los titulares del *copyright*, bajo las sanciones establecidas en las leyes, la reproducción parcial o total de esta obra por cualquier medio o procedimiento, incluidos la reprografía y el tratamiento informático, así como la distribución de ejemplares mediante alquiler o préstamo público.

Copyright © 2019 by Osho International Foundation, www.osho.com/copyrights
This translation published by arrangement with Harmony Books, an imprint of Random House, a division of Penguin Random House LLC
All Rights Reserved
© 2020 de la traducción *by* Esperanza Moriones
© 2020 *by* Ediciones Urano, S.A.U.
Plaza de los Reyes Magos, 8, piso 1.º C y D – 28007 Madrid
www.edicionesurano.com

ISBN: 978-84-16720-90-3
E-ISBN: 978-84-17780-79-1
Depósito legal: B-26.556-2019

Fotocomposición: Ediciones Urano, S.A.U.
Impreso por: Rotativas de Estella – Polígono Industrial San Miguel Parcelas E7-E8 31132 Villatuerta (Navarra)

Impreso en España – *Printed in Spain*

Índice

Introducción 1

DÍA 1: *¿Qué es la meditación?* 7
MEDITACIÓN: Atención diaria 12

DÍA 2: *Meditaciones sobre el amor y las relaciones* 17
MEDITACIÓN: Amarse a uno mismo, meditación de la unidad
para parejas 21

DÍA 3: *Meditaciones sobre la ira* 25
MEDITACIÓN: Cambiar el patrón de la ira 30

DÍA 4: *Vivir equilibradamente* 35
MEDITACIÓN: Acepta lo negativo y lo positivo 39

DÍA 5: *El amor y la meditación van de la mano* 45
MEDITACIÓN: Permitir que el corazón se abra como una flor . . . 49

DÍA 6: *Vivir peligrosamente* 55
MEDITACIÓN: Disolver la armadura 60

DÍA 7: *Observar la mente* 65
MEDITACIÓN: Disfruta de la mente, y... ¡stop! 70

DÍA 8: *Hay que ser inteligente para ser feliz* 75
MEDITACIÓN: La sonrisa interior 80

DÍA 9: *Integrar el cuerpo, la mente y el alma* 85
MEDITACIÓN: Imagínate a ti mismo corriendo 90

DÍA 10: *Reducir la velocidad* 95
MEDITACIÓN: Rodéate de un clima de felicidad 100

DÍA 11: *Todo el mundo es creativo* 105
MEDITACIÓN: De la jerigonza al silencio 110

DÍA 12: *Intuición – Contemplar desde el interior* 115
MEDITACIÓN: Encontrar al testigo 120

DÍA 13: *Meditación y condicionamiento* 125
MEDITACIÓN: Vaciarte 129

DÍA 14: *Cómo dejar de juzgar a la gente* 133
MEDITACIÓN: Transformar los juicios 138

DÍA 15: *El arte de escuchar* 143
MEDITACIÓN: Encuentra tu centro cuando
estés rodeado de ruido 147

DÍA 16: *Relajarte a través de la atención* 151
MEDITACIÓN: Aprende a dejarte llevar 155

DÍA 17: *Aceptar todas tus partes* 159
MEDITACIÓN: Mirar un objeto como un todo 163

DÍA 18: *Sexo, amor y meditación* 169
MEDITACIÓN: Transformar la energía sexual 175

DÍA 19: *Vivir con alegría* 179
MEDITACIÓN: Deja un espacio para la alegría 183

DÍA 20: *La madurez y la responsabilidad de ser tú mismo* ... 187
MEDITACIÓN: Completa tu día 191

DÍA 21: *Zorba el Buda* 195
MEDITACIÓN: Conviértete en el sabor de la comida o la bebida. . 201

Lecturas recomendadas por temas 205

Resort de Meditación Osho International 207

Un Curso de Meditación

INTRODUCCIÓN

Si quieres que tu vida sea más satisfactoria, primero tendrás que conocer tu potencial, saber quién eres en realidad. La meditación es el camino hacia ese conocimiento. Es el método que usa la ciencia de la conciencia. Lo maravilloso de esta ciencia interior es que le permite a quien lo desee explorar y experimentar con su mundo interior y saber que puede hacerlo solo. Eso nos libera de tener que depender de una autoridad externa, de tener que afiliarnos a alguna organización o estar obligados a adoptar una cierta ideología. Cuando aprendas estos pasos, podrás hacer todo el recorrido a tu manera.

Muchas técnicas de meditación requieren estar sentados y en silencio, y a la mayoría de las personas esto nos resulta muy difícil porque hemos acumulado mucho estrés en el cuerpo y en la mente.

Pero ¿qué es la meditación exactamente? ¿Cómo puedes empezar a practicarla?

Este curso experiencial de 21 días ha sido diseñado para que puedas experimentar el tipo de meditación que enseñaba el místico contemporáneo Osho. Es probable que ya le conozcas a través de sus libros, traducidos y publicados en más de sesenta idiomas. Osho es un místico y un científico, un espíritu rebelde cuya singular aportación al conocimiento de quién somos desafía cualquier categorización. Su único propósito consiste en advertir a la humanidad de la necesidad imperiosa de descubrir una nueva forma de vivir. La idea de Osho es que el resultado de todos nuestros «seres», que son nuestras sociedades, nuestras culturas y nuestras creencias, solo podrá cambiar si nosotros mismos, cada persona individualmente, cambiamos. Y la puerta hacia ese cambio es la meditación.

Para quienes se inician en la meditación, esta es una guía sencilla y detallada para aprender a meditar, para ser conscientes y quedarnos quietos. Para los meditadores experimentados, es una llave para que tu práctica alcance otro nivel. Como parte de este programa de 21 días se abordarán diferentes aspectos de la vida meditativa, leyendo extractos de las charlas de Osho (o escuchándolos en el audiolibro en www.osho.com/library) que formarán parte de la experiencia meditativa. Luego te enseñaremos algunos ejercicios prácticos de meditación y atención relacionados con el tema del día, para que tengas herramientas con las que experimentar.

En la sección de libros recomendados que encontrarás al final de la obra, sugerimos un tema y un libro de Osho para cada día que nos permita ahondar más en la cuestión que se ha tratado en el programa de ese día.

Del mismo modo que la ciencia investiga el mundo exterior, Osho tiene una visión científica del mundo interior de la meditación y el autodescubrimiento. Ha experimentado con todas las técnicas de meditación del pasado y ha examinado su efecto en el ser humano moderno. Se ha dado cuenta, por ejemplo, de las dificultades que tiene la mente hiperactiva del siglo XXI para sentarse en silencio y observar la respiración. O la facilidad que tenemos para emplear un antiguo mantra sagrado como sustituto de la moderna pastilla para dormir. Con esta información, ha creado unas meditaciones nuevas para las personas del mundo actual. Osho nos sugiere que empecemos por el cuerpo para tomar conciencia de lo que podemos observar en los pensamientos y en las sensaciones de ese conjunto llamado cuerpo-mente. Muchas de las meditaciones de Osho empiezan con una actividad física que nos permite soltar todas las tensiones para relajar el cuerpo y la mente. De esa forma es más fácil relajarse y disfrutar de una experiencia de quietud y de atención consciente y silenciosa.

Osho ha convertido el «arte de escuchar» en una puerta hacia la meditación. Se dirigía a la gente que se reunía en torno a él todos los días —gente de diferentes edades, nacionalidades y nivel cultural— para responder a sus preguntas y sus preocupaciones y ofrecer una propuesta para una forma de vida más sana, enfocada en el interior. Estas charlas se han publicado en multitud de libros de Osho que hoy puedes adquirir. Osho recalcó muchas veces que sus charlas no eran «conferencias» para transmitir información. «Lo que yo hago al hablar no es oratoria, no estoy predicando una doctrina. Solo es un método arbitrario que utilizo para que sepáis lo que es el silencio», decía.

En otras palabras, los *Osho talks*, o charlas de Osho, son una meditación en sí mismas. Aquí las palabras se convierten en música, el que escucha descubre al que está escuchando y la conciencia se traslada de lo que se está escuchando al individuo que está escuchando.

Esta guía también está disponible en formato audio para los que quieran experimentar los Osho talks como «una meditación a través de la escucha». Todos los días tendrás la oportunidad de escuchar una grabación original extraída de una charla de Osho relacionada con el programa de ese día. Después de ese extracto, también puedes escuchar a un facilitador para que te guíe a través de la técnica de meditación de cada día. Puedes volver al texto impreso siempre que lo desees y utilizar las hojas facilitadas para llevar un diario de tus experiencias.

DÍA 1

¿Qué es la meditación?

Hoy vamos a empezar con una pregunta esencial: *¿qué es la meditación?*

La respuesta de Osho nos revela que nacemos con la capacidad de meditar, y que nuestra tarea consiste en recordar esa capacidad que teníamos cuando éramos niños y volver a conectar con ella.

Después de la sección de Visión de Osho habrá un ejercicio de meditación y atención de Osho.

Puedes hacerlo cuando quieras, si es posible antes de irte a dormir esta noche.

VISIÓN DE OSHO

La meditación es un estado de no mente. La meditación es un estado de conciencia pura sin contenido. Tu conciencia suele estar bastante sucia, es como un espejo cubierto de polvo. En la mente hay un tráfico constante de pensamientos, deseos, memorias, ambiciones; hay un tráfico incesante durante el día y la noche. Tu mente sigue funcionando cuando estás dormido, porque sueña. Sigue pensando, sigue nerviosa y preocupada. Se está preparando para el día siguiente, pero se trata de una preparación camuflada.

Este es un estado de no meditación, que es justamente lo contrario a la meditación. La meditación es el silencio que hay cuando no hay tráfico, cuando cesa el tráfico y cesa el pensamiento, cuando no se agitan los pensamientos, cuando no se suscita ningún deseo. La verdad solo se puede conocer en ese silencio, y de ninguna otra forma. La meditación es un estado de no mente. La meditación no se puede encontrar con la mente, porque entonces la mente se estaría perpetuando. Solo puedes encontrarla apartándote de la mente, quedándote impasible, indiferente, sin identificarte con la mente; viendo la mente pasar pero sin identificarte con ella, sin pensar «yo soy eso».

La meditación es darte cuenta de que «yo no soy la mente».

Cuando la atención vaya profundizando, poco a poco, cada vez sentirás más momentos de silencio, de espacio puro. Momentos de transparencia, momentos en los que no hay nada que te agite y todo está tranquilo. En esos momentos sabrás quién eres, y conocerás el misterio de la existencia.

Y cuando hayas probado esas gotas de néctar, tendrás un deseo, un deseo irreprimible y una sed insaciable de profundizar cada vez más en ese estado. ¡Arderás de deseo!

Cuando hayas experimentado unos momentos de silencio, de felicidad, de meditación, querrás que ese estado sea permanente, constante. Si lo has conseguido durante unos momentos, eso significa que, gradualmente, podrás disfrutar de otros momentos como ese. A medida que vayas adquiriendo más práctica y aprendas el truco de no dejarte embaucar por la mente —de mantenerte al margen y alejado de la mente, de poner una distancia entre tus pensamientos y tú—, la meditación te llenará cada vez más. Y cuanto más te llene, más te transformará. Llegará un día, un día repleto de bendiciones, en que la meditación se convertirá en tu estado natural.

La mente es antinatural, nunca se podrá convertir en un estado natural. La meditación, en cambio, sí es un estado natural…, que hemos perdido. Es el paraíso perdido, pero podemos recuperarlo. Fíjate en los ojos de un niño y verás un silencio y una inocencia infinitas. Todos los niños llegan al mundo en un estado meditativo, pero tienen que integrarse en la sociedad. El niño tiene que aprender a pensar, a calcular, a razonar, a discutir; tiene que aprender las palabras, el lenguaje, los conceptos. Y, poco a poco, pierde el contacto con su propia inocencia. Se contamina, la sociedad le contamina. Se convierte en una máquina eficiente; deja de ser una persona.

Lo único que tienes que hacer es volver a recuperar ese espacio. Es algo que ya conocías. Por eso, cuando descubras la meditación, te sorprenderás, porque tendrás la sensación de que ya la conocías. Y es verdad, la *conocías*, pero te habías olvidado. El diamante se perdió en una montaña de basura. Sin embargo, puedes escarbar para volver a encontrarlo, y el diamante volverá a ser tuyo.

En realidad, no puedes perderlo, solo lo puedes olvidar.

Cuando nacemos todos somos meditadores, y luego aprendemos el camino de la mente. Nuestra verdadera naturaleza, sin embargo, permanece oculta en el fondo, como una corriente subterránea. Un día, escarbando un poco, descubrirás que esa fuente sigue fluyendo y es un manantial de agua pura. Descubrir esa fuente es la mayor alegría de tu vida.

Cuando nace un niño, llega cargado de energía. Un niño es simplemente energía encarnada. Y, evidentemente, lo primero que tiene que buscar y encontrar es el pecho de su madre. Se ha convertido en una entidad separada, y su primera necesidad, lo primordial es alimentarse. Así empieza el viaje hacia el exterior.

Su entrada al mundo es a través del pecho. Y el pecho tiene dos funciones: alimentar al niño, porque lo esencial es sobrevivir y el pecho es la nutrición, el pecho es la vida. Y la segunda función del pecho es darle calor, cobijo y amor al niño. De ahí que exista una relación tan estrecha entre la nutrición y el amor.

Este es el motivo por el que cuando no te sientes querido te dedicas a comer en exceso. Las personas adictas a la comida tienen falta de cariño, y lo han sustituido por la comida. Cuando realmente te sientes querido, no comes demasiado.

La meditación es darse cuenta de que la fuente de la vida está en tu interior. El cuerpo depende del exterior, es verdad, pero tú no eres solamente el cuerpo. No dependes del exterior. Dependes de tu mundo interior. Puedes moverte en dos direcciones: puedes moverte hacia fuera o puedes moverte hacia dentro. La meditación es darte cuenta de que «también hay un mundo interior, y tengo que encontrarlo».

La meditación es cuando la mente se vuelve hacia adentro, a su propia fuente.

La mente nos sirve para entender el objeto, la meditación nos sirve para entender al sujeto. A la mente le conciernen los contenidos, y a la meditación, el continente, la conciencia. La mente se obsesiona con las nubes, la meditación busca el cielo. Las nubes vienen y van, pero el cielo permanece, perdura.

Busca el cielo en tu interior. Y cuando lo encuentres, no morirás nunca.

MEDITACIÓN:
ATENCIÓN DIARIA

La siguiente técnica es una adaptación de *El libro de los secretos* de Osho. Es una técnica sencilla que te permite probar y percatarte de lo que significa poner atención en las actividades diarias. Cuando experimentes con esta técnica, podrás empezar a recuperar tu estado meditativo natural frente a todo el ruido y el tráfico de la mente.

Osho dice:

> *Cuando digo que la conciencia no se puede alcanzar con la mente, quiero decir que no puedes alcanzarla pensando en ella.*
> *Solo puedes alcanzarla a través de la acción, no del pensamiento.*

Deja de pensar en la conciencia, en cómo alcanzarla o en cuál será el resultado. Deja de pensar y empieza a practicarlo.

Cuando camines por la calle, hazlo con conciencia.
Es difícil y te olvidarás de hacerlo, pero no te desanimes.
Estate atento siempre que te acuerdes.

Cada paso que des, hazlo estando plenamente alerta, con conciencia.

Mantén tu pensamiento en cada paso, no permitas que tu mente se vaya a otro sitio.

Cuando comas, come. Mastica la comida con atención.

Cualquier cosa que hagas, no la hagas mecánicamente.
Por ejemplo, yo puedo mover una mano mecánicamente, pero también la puedo mover estando plenamente atento.
Y mi mente es consciente de que estoy moviendo la mano.

Técnica

Hazlo, inténtalo ahora mismo. Fíjate en un objeto cercano y levántalo mecánicamente, como lo harías normalmente, y luego vuelve a colocarlo en su sitio.

Y ahora…, sé consciente de tu mano, siéntela desde dentro hacia fuera. Si notas tensión en la mano o en los dedos, relájalos.

Fija la atención en tu mano, pon toda tu atención en ella y vuelve a levantar ese objeto. Sujétalo. Siente su textura, su peso. Nota la sensación que te produce en la mano. Observa si tus manos quieren responder a este objeto y darle la vuelta, calcular su peso, jugar con él… o, simplemente, sujetarlo. Pon atención a cada movimiento, mantente atento.

Ahora vuelve a dejarlo en su sitio y sigue el movimiento de tu mano con atención. Te darás cuenta de la diferencia. Esto cambia automáticamente la cualidad de tu acción.

Osho dice:

Si comes con atención, por ejemplo, no puedes comer más de lo que tu cuerpo necesita.

Cambia de estilo. Cuando comes conscientemente, masticas mejor. Cuando lo haces de una forma inconsciente y mecánica, simplemente te estás metiendo cosas en el estómago y no las masticas, solo comes para llenarte. No lo disfrutas, y como no lo estás disfrutando, necesitas comer más para sentir placer. No te sabe a nada, por eso necesitas comer más.

Estate atento y verás lo que ocurre. Cuando estás atento, masticas más y notas más los sabores, sientes el placer de comer. Si tu cuerpo está disfrutando, él te indicará en qué momento debes parar.

Pon en práctica esta técnica de atención en diferentes situaciones hoy y a lo largo de los próximos días; no hace falta que te reserves un tiempo para esta meditación. Se trata de meditar de una forma relajada y lúdica mientras estés haciendo tus tareas diarias. Puedes hacer todas las cosas que normalmente harías sin pensar desde un espacio consciente.

Cita del día

Cuando la mente sabe, lo llamamos conocimiento.
Cuando el corazón sabe, lo llamamos amor.
Y cuando el ser sabe, lo llamamos meditación.

—Osho

Notas

DÍA 1 ¿QUÉ ES LA MEDITACIÓN?

DÍA 2

Meditaciones sobre el amor y las relaciones

Una cosa es estar atentos a las acciones físicas y las sensaciones corporales al caminar, comer, limpiar el suelo y así sucesivamente, o incluso ser conscientes de nuestros pensamientos y emociones cuando estamos solos, y poner una distancia. Pero otra cosa muy distinta es ser igualmente conscientes cuando nos encontramos con los demás, especialmente con nuestra pareja. El programa de hoy trata de esa parte de nuestra vida.

VISIÓN DE OSHO

El amor no es una relación. El amor se relaciona, pero no es una relación. Una relación es algo que está acabado. Una relación es un sustantivo; llega un punto y aparte, se acaba la luna de miel. Ya no hay alegría, ya no hay entusiasmo; todo se ha acabado. Relación significa algo que está completo, terminado, cerrado.

El amor nunca es una relación, el amor es relacionarse. Es un río que fluye, no tiene fin. El amor no conoce el punto y aparte; la luna de miel empieza pero nunca se acaba. No es como una novela, que empieza en un determinado punto y acaba en un determinado punto, sino que es un proceso continuo. Se acaban los amantes, pero el amor continúa. Es una continuidad. Es un verbo, no un sustantivo.

¿Por qué queremos reducir la belleza de relacionarnos a una relación? ¿Por qué tenemos tanta prisa? Porque relacionarnos nos hace sentir inseguros, mientras que una relación implica seguridad, una relación te hace sentir seguro. Relacionarse es un encuentro de dos desconocidos, dormir fuera una noche y decirse adiós por la mañana. ¿Quién sabe qué sucederá mañana? Y esto nos asusta tanto que queremos estar seguros, queremos que todo sea predecible. Nos gustaría que mañana fuese lo que hemos pensado, no queremos que elija libremente. Por eso siempre queremos reducir los verbos a sustantivos. Estás enamorado de un hombre o una mujer y enseguida piensas en casarte, en legalizarlo. ¿Por qué?

En un mundo mejor, donde haya más gente meditativa, en un mundo donde haya más iluminación, la gente amará, amará intensamente, pero su amor no será una relación, sino relacionarse. Tampoco voy a decir que su amor sea momentáneo. Su amor tiene más probabilidades que el tuyo de ser más profundo, de que haya más intimidad y de contener algo que sea más poético y divino. Y es posible que su amor perdure más que tu supuesta relación de pareja. Pero no está garantizado por la ley, los juzgados ni la policía. Es una garantía interna. Es un compromiso de corazón, es una comunión silenciosa. Si te gusta estar con alguien, cada vez te gustará más. Si te gusta la intimidad, cada vez te gustará más explorarla.

Olvídate de las relaciones y aprende a relacionarte.

Cuando tienes una relación con alguien, empiezas a dar al otro por hecho. Eso es lo que destruye todas las historias de amor. Relacionarse significa que siempre estás empezando; que estás conociendo al otro continuamente. Significa volver a presentaros una y otra vez. Significa querer descubrir todas las facetas de la personalidad del otro. Querer penetrar más en el mundo de sus sentimientos y las profundidades de su ser. Querer descifrar un misterio que es indescifrable.

La alegría del amor es eso: explorar la conciencia. Y si puedes relacionarte sin reducirlo a una relación, entonces el otro se podrá convertir en un espejo. Al estudiar al otro, sin darte cuenta, te estás estudiando a ti mismo. Cuando profundizas en el otro, en sus sentimientos, sus pensamientos y sus anhelos más profundos, estás conociendo tus propios anhelos.

Los amantes se convierten en espejos el uno para el otro, y entonces el amor se convierte en meditación.

MEDITACIÓN:
AMARSE A UNO MISMO, MEDITACIÓN DE LA UNIDAD PARA PAREJAS

Aquí hay dos meditaciones emparentadas que puedes practicar en el momento que decidas.

Lo primero y fundamental, y lo más importante para todas las personas, es amarnos. Osho suele recordarnos que el amor empieza cuando eres capaz de amarte a *ti mismo*. Solo podremos amar a los demás cuando nos amemos a nosotros mismos; la base consiste en amarse a uno mismo.

Técnica 1. Amarse a uno mismo

Es aconsejable ir a la naturaleza, a un sitio agradable donde sepas que puedes estar solo un rato sin que nadie te moleste, pero también puedes emplear el rincón preferido de tu casa (tu silla favorita) o tu espacio especial para meditar. Lo puedes hacer incluso en la cama, antes de dormir.

Experimenta un poco con esto:

Siéntate solo y enamórate de tu propio ser por primera vez. Olvídate del mundo y enamórate de ti. Goza con tu ser, saboréalo... Espera, busca un poco más. Descubre tu singularidad, disfruta de tu propia existencia. ¡Eres la existencia! El hecho mismo de darte cuenta conscientemente de que «yo soy», puede ser un vislumbre de la dicha, el cuerpo respira..., el corazón late... Regocíjate un instante con todo esto.

Deja que esta sensación se extienda por todos tus poros. Déjate llevar por ella. Si te apetece, ponte a bailar o, si tienes ganas, ríete o, si quieres, ponte a cantar, pero recuerda que sigues siendo el centro de todo esto… Y deja que los manantiales de la felicidad nazcan de tu interior, no del exterior.

Deja que, poco a poco, todo esto se vaya asentando firmemente en tu experiencia.

Técnica 2. Meditación de la unidad para parejas

Esta segunda meditación ha sido diseñada para parejas o amigos.

Cada vez que sientas que tu relación está estancada, o si simplemente quieres conectar más con tu amigo o con tu pareja, puedes practicar esta meditación de treinta minutos en un espacio que esté por encima del habitual parloteo y palabrería. Se recomienda hacerlo por la noche.

PRIMERA ETAPA: sentaos uno frente al otro, dándoos la mano contraria durante diez minutos, simplemente mirándoos a los ojos. Si el cuerpo se empieza a mover o a balancear, dejad que lo haga. Podéis pestañear, pero seguid mirándoos a los ojos. No os soltéis las manos pase lo que pase.

SEGUNDA ETAPA: cerrad los ojos y permitid que el cuerpo se siga balanceando durante diez minutos más.

TERCERA ETAPA: poneos de pie y seguid balanceándoos juntos, de las manos, durante diez minutos.

Esto hará que las energías se mezclen a un nivel profundo.

Cita del día

Cuando hay amor, a veces los amantes sienten que desaparecen. Es fácil sentirlo cuando amas porque el amor es gratificante, lo difícil es sentirlo cuando odias, porque el odio no es gratificante. Los amantes, cuando están profundamente enamorados, no sienten que ellos «amen» —el amor no es una actividad—, sienten, más bien, que se convierten en el amor.

—Osho

Notas

DÍA 2 MEDITACIONES SOBRE EL AMOR Y LAS RELACIONES

DÍA 3
Meditaciones sobre la ira

El programa de hoy analiza las emociones y, concretamente, una que hemos experimentado todos: la ira.

Nuestros sentimientos juegan un papel importante en la manera de vernos a nosotros mismos, y pueden afectar a nuestra salud física. Muchas veces estamos atrapados en el dilema entre la «expresión» y la «represión». Aunque expresar una emoción como la ira pueda dar miedo o herir a otras personas, si la reprimimos nos arriesgamos a hacernos daño a nosotros mismos. La forma de afrontar la ira en nuestras vidas oscila entre estos dos extremos: o bien lanzamos toda nuestra ira sobre los demás, o nos la guardamos y nos sentimos mal.

En la charla de hoy, Osho nos ofrece una tercera alternativa, un método para dominar nuestras emociones en lugar de dejar que «se apoderen» de nosotros. Después de oír este nuevo enfoque que te ayuda a tratar con un estado emocional no deseado, aprenderás un sencillo método que podrás emplear para desarrollar la capacidad de responder a las emociones con atención, en lugar de reaccionar y permitir que se apoderen de ti. El ejercicio práctico de hoy se usa para cambiar los patrones «automáticos» de la ira.

VISIÓN DE OSHO

Cuando intentas no enfadarte, te estás reprimiendo la ira. Para trascender la ira, en vez de reprimirla, tienes que entenderla, tienes que observarla. Observándola es como se trasciende.

Cuando reprimes la ira, se mete en tu inconsciente y cada vez te envenenas más. Esto no es nada bueno, no es sano;

tarde o temprano te acabarás poniendo neurótico. Llegará un momento en que la ira acumulada explotará y entonces será mucho peor, porque no podrás controlarlo.

Lo mejor es deshacerte de ella en pequeñas dosis. En dosis homeopáticas: si te enfadas alguna vez, enfádate. Eso es mucho más sano que ir acumulando la ira durante años hasta que un día explotas. Porque entonces será desproporcionado y ni siquiera tú tendrás conciencia de lo que estás haciendo. Te volverás loco. Puedes hacerte mucho daño o hacerle daño a alguien; podrías cometer un asesinato, o suicidarte.

La trascendencia es un proceso completamente distinto. Cuando trasciendes la ira, no te la reprimes, pero tampoco la expresas.

Solo conoces dos formas de enfrentarte a la ira: expresándola o reprimiéndola. Pero la verdadera forma de enfrentarte a la ira no es ninguna de estas dos. No es expresándola, porque si lo haces puedes provocar la ira del otro, y así se convierte en una cadena…, después el otro también expresa su ira y entonces te vuelve a provocar…, y esto no tiene fin. Cuanto más lo repitas, más se volverá una costumbre, se convertirá en una costumbre mecánica. Y cuanto más la expreses, ¡más lo estarás practicando! Te costará trabajo salir de ese patrón.

La represión ha surgido por culpa de ese temor: no expreses nada, porque sufrirás y harás sufrir a los demás innecesariamente. Te volverás una persona horrible, provocarás situaciones desagradables en tu vida, y luego tendrás que pagar por ello. Y, poco a poco, esta costumbre se irá convirtiendo en tu segunda naturaleza.

La represión surgió por el miedo a la expresión. Pero, si te reprimes, irás acumulando el veneno, y un día explotarás.

El tercer enfoque, el de todos los iluminados del mundo, no es expresar ni reprimir, sino observar. Cuando surja la ira, obsérvala en silencio. Reconócela: esto es ira.

Buda les decía a sus discípulos: cuando surja la ira, hazle caso, escucha su mensaje. Y recuérdatelo constantemente, repítetelo: ira, ira… Mantente atento, no te duermas. Mantente atento a la ira que te rodea. ¡Tú no eres la ira! Tú eres el que la observa. Y esta es la clave.

Cuando observas la ira, poco a poco te vas separando tanto de ella que al final no te afecta. Te has distanciado tanto, estás tan alejado, tan impasible y tan lejos, y te parece que hay una distancia tan grande, que no te importa lo más mínimo. De hecho, te empezarás a reír de todas las ridiculeces que has hecho en el pasado por culpa de la ira. No eres tú. Está ahí, en el exterior. Te rodea. Pero en cuanto dejes de identificarte con ella, dejarás de darle energía.

Ten en cuenta que alimentamos la ira con nuestra energía, y solo así cobra vitalidad. No tiene energía propia; necesita tu colaboración. Cuando observas, dejas de colaborar, dejas de apoyarla. Seguirá estando ahí unos instantes, pero al cabo de unos minutos desaparecerá. No puede echar raíces en ti porque tú no estás disponible, y cuando se dé cuenta de que estás muy lejos y solo eres un observador en el monte, se disipará y desaparecerá. Esa desaparición es maravillosa. Es una gran experiencia.

Cuando desaparece la ira, surge una gran serenidad; es la calma después de la tormenta. Cada vez que surja la ira y te detengas a observarla, te sorprenderás, porque sentirás una tranquilidad que no habías sentido antes. Estarás en un estado meditativo…, cuando la ira desaparezca, te sentirás renovado, joven e inocente como no te habías sentido nunca. Estarás agradecido incluso a la ira; ya no estarás enfadado con ella, porque te ha proporcionado un nuevo y maravilloso espacio para vivir y una experiencia completamente nueva. Si la usas como un trampolín la habrás empleado bien.

Esta es una forma creativa de emplear las emociones negativas.

MEDITACIÓN:
CAMBIAR EL PATRÓN DE LA IRA

A menudo puede parecer que la ira está bullendo justo debajo de la superficie, esperando su oportunidad para saltar. Aunque expreses tu ira y encuentres una forma de exteriorizarla, hasta que no indagues profundamente en su origen —buscando en tu interior lo que la ha desencadenado—, el patrón que hay en el fondo no cambiará. Si lo único que haces es expresarla, volverás a acumularla y se volverá a repetir el mismo patrón.

La meditación de hoy nos ayuda a romper el patrón que nos hace ir acumulando ira una y otra vez. Osho se la prescribió concretamente a una persona que tenía problemas con su ira. Es un método que utiliza tu cuerpo como guía. Debes hacerlo sinceramente para ver lo que descubres. Es algo que solo lo puedes saber haciéndolo.

Necesitas unos veinte minutos y un sitio donde puedas estar solo, sin que te interrumpa nadie. Pon una alarma o un temporizador de quince minutos.

Técnica

Todos los días, a la hora que más te convenga, cierra la puerta de tu habitación durante quince minutos y, sentado o de pie, enfádate pero no lo exteriorices, no lo expreses. Sigue provocando la ira, vuélvete loco de ira pero no lo exteriorices, no lo expreses..., no le des golpes a una almohada. Reprímete completamente.

Al principio, para recordar la emoción que la provocó, a lo mejor te sirve de ayuda acordarte de una situación concreta en la que estabas muy enfadado. Deja que tu cuerpo te guíe y enfócate en las sensaciones físicas, y no en el motivo concreto que provocó el enfado. No lo racionalices, pero sigue conectado con las sensaciones físicas que surgen en el instante en que sientes ira. Y deja que esas sensaciones se vuelvan más intensas.

Si empiezas a notar una tensión en el estómago, como si fuera a explotar, contráelo hacia dentro y ténsalo todo lo que puedas. Cuando sientas que los hombros están tensos, que tus manos se cierran en un puño y que quieres pegarle a alguien, tensa los hombros y las manos más aún. Si te das cuenta de que estás apretando los dientes y tienes ganas de gritar, aprieta tu mandíbula aún más. Tensa todo el cuerpo al máximo, como si en tu interior hubiera un volcán en erupción, pero sin llegar a explotar. Eso es lo más importante, no hay que explotar, no hay que manifestar nada. Si gritas, relajarás el estómago. No des puñetazos o los hombros se liberarán y se relajarán. Ve aumentando la temperatura durante quince minutos, como si quisieses alcanzar el punto de ebullición. Durante quince minutos, aumenta la tensión hasta llegar a un clímax. Cuando salte la alarma, intenta contener esta tensión todo lo que puedas.

Cuando la alarma se detenga..., siéntate tranquilamente, cierra los ojos, relaja el cuerpo y observa lo que pasa. Durante otros cinco minutos o, si te apetece, más, sigue siendo un testigo. Deja que tu cuerpo se relaje y observa.

Si este método va acorde contigo, repite esta secuencia durante dos semanas todos los días. El calentamiento del sistema corporal hará que tus patrones se fundan.

Si crees que tu tema no es la ira, puedes sustituirla por la tristeza, los celos, el miedo o cualquier otra emoción de la que quieras cambiar el patrón, y adapta el ejercicio en concordancia.

Cita del día

La ciencia de la transformación de la vida se llama meditación. A través del análisis, la ciencia física llega al átomo y a la energía atómica, pero la meditación llega al alma y a la energía del alma.

—Osho

Notas

DÍA 3 MEDITACIONES SOBRE LA IRA

DÍA 4
Vivir equilibradamente

Una persona con vida siempre se moverá entre dos polos. Osho nos ayuda a entender la importancia de la interrelación de los polos opuestos y la necesidad de aceptar todos los aspectos de nuestra experiencia en lo que se refiere a la totalidad de nuestro ser: el día y la noche, las subidas y las bajadas, las alegrías y las penas.

En la charla de hoy, Osho nos habla sobre la capacidad de tener una vida equilibrada. La vida puede ser una experiencia con extremos incómodos, pero tampoco es aconsejable quedarse en el medio, en un estado siempre estático. En la meditación que habrá a continuación de la charla de Osho, aprenderemos a relajarnos y a aceptar las cosas que consideramos «negativas» y, paradójicamente, a ver que esas partes negativas son las que le dan color y chispa a la vida.

VISIÓN DE OSHO

La vida está compuesta de extremos. Es una tensión entre opuestos. Pretender estar siempre exactamente en el centro es estar muerto. El centro solo es una posibilidad teórica; solo pasas por el centro de vez en cuando, como una transición. Es como andar en la cuerda floja; no puedes quedarte mucho tiempo en el centro, porque, si lo intentas, te caerás.

Estar en el centro no es un estado estático, es un proceso dinámico.

El equilibrio no es un sustantivo, sino un verbo; es estar en equilibrio. Un equilibrista va de derecha a izquierda y de izquierda a derecha constantemente. Si cree que se ha ido demasiado hacia la izquierda y que se podría caer, inmediatamente se equilibra moviéndose en el sentido contrario, hacia la derecha. Cuando pasa de izquierda a derecha, efectivamente, hay un momento en que está en el centro. Y, de nuevo, si se ha movido demasiado hacia la derecha y hay riesgo de que se caiga y pierda el equilibrio, se empieza a mover hacia la izquierda. Al ir de derecha a izquierda, vuelve a pasar un momento por el centro.

A esto me refiero cuando digo que equilibrio no es un sustantivo, sino un verbo: es equilibrarse, es un proceso dinámico. No puedes estar en el centro. Puedes ir de izquierda a derecha o de derecha a izquierda, y es la única forma de estar en el centro.

No hay que evitar los extremos, pero tampoco hay que elegir un extremo. Hay que estar abierto a las dos polaridades, y en esto consiste el don y el secreto del equilibrio. Sí, a veces puedes estar absolutamente feliz y otras veces absolutamente triste; ambas cosas tienen su belleza.

A nuestra mente le gusta elegir, y aquí está el problema. Mantente al margen de la elección. Pase lo que pase y estés donde estés, a la derecha, a la izquierda, en el centro o no, disfruta de cada momento con totalidad. Cuando estés alegre, baila, canta, toca música…, sé feliz. Cuando llegue la tristeza, que es inevitable y llegará, tiene que ser así, porque es ineludible, no se puede evitar, entonces tendrás que destruir toda posibilidad de felicidad. No existe el día sin la noche, no existe el verano sin el invierno, y no puede haber vida si no hay muerte.

En la vida existen ambas cosas: hay mucho sufrimiento, y también hay mucho placer. El sufrimiento y el placer son las dos caras de la misma moneda. Si renuncias a una cosa, también tendrás que renunciar a la otra. Este es el mayor malentendido que ha habido a lo largo de todos los tiempos: creer que puedes evitar el sufrimiento y quedarte con el placer, evitar el infierno y tener el cielo, evitar lo negativo y tener solo lo positivo. Es una falacia, no es posible por la naturaleza misma de las cosas. Lo positivo y lo negativo van juntos, van irremediablemente juntos, son inseparables. Son dos aspectos de la misma energía.

¿No ves la belleza que hay en la tristeza? Medita sobre esto. La próxima vez que estés triste, no te enfrentes a la tristeza ni pierdas el tiempo peleando. Acéptala y dale la bienvenida, recíbela como es debido. Y adéntrate en ella con cariño, con cuidado. Sé un auténtico anfitrión. Comprobar la belleza que tiene la tristeza y que no tiene la felicidad te sorprenderá mucho más de lo que puedas entender. La tristeza tiene profundidad, mientras que la felicidad es superficial. La tristeza tiene lágrimas, lágrimas que llegan mucho más hondo de lo que jamás podría llegar la felicidad. La tristeza tiene un silencio particular que la felicidad no tendrá nunca.

Vive la vida en todas sus formas posibles, no intentes escoger solo una cosa ni quedarte en el centro. No trates de equilibrarte, el equilibrio es algo que no se puede practicar. El equilibrio surge de experimentar todas las dimensiones de la vida.

MEDITACIÓN:
ACEPTA LO NEGATIVO Y LO POSITIVO

Tenemos que aprender a vivir con las partes negativas y las partes positivas de nuestro ser, y solo así nos podremos sentir completos. Por lo general solo queremos vivir con la parte positiva, pero tenemos que aceptar ambas partes. La vida es así, esas dos partes van juntas. En esta meditación vamos a practicar la comprensión y la aceptación de todos los aspectos, buenos y malos, y permitir que haya una armonía.

Cuando practiques esta meditación por tu cuenta, emplea quince minutos para cada uno de los tres pasos. A continuación podrás practicar cada paso unos instantes, para que te hagas una idea de lo que es.

Técnica

Primera fase: cierra los ojos y empieza a mirar dentro de tu cuerpo, tu mente y tus emociones. ¿Dónde está en este momento lo negativo? Siempre hay algo, busca algo «negativo», por pequeño que sea. Cuando lo encuentres, no intentes deshacerte de ello. Si estás nervioso, siente el nerviosismo. Si tienes frío…, tirita y disfrútalo. Si tienes calor, transpira y relájate. Si hay algo que te hace infeliz en tu vida, ¡sé infeliz! No le des muchas vueltas: simplemente, sé infeliz. O, si te duele algo, permite que el dolor esté ahí, relájate. En esta fase debes relajarte con todas las cosas negativas que encuentres.

Segunda fase: deja que esas cosas negativas se vayan y, con los ojos cerrados, empieza a buscar en tu cuerpo, tu mente y tus emociones las cosas positivas. Están ahí, en el polo opuesto, así que encuéntralas, por pequeñas que sean. Y cuando encuentres algo, no intentes amplificarlo ni aferrarte a ello. Simplemente, relájate con lo positivo. Puede ser la sensación de estar sentado cómodamente; disfrútala. O el hecho de darte cuenta de que este momento solo es para ti; relájate. Si surge algún recuerdo de bienestar o una sensación de ligereza…, disfrútala sin darle demasiadas vueltas. Acéptalo del mismo modo que has aceptado lo negativo.

Tercera fase: deja que se vaya también lo positivo y, cerrando los ojos, permite que haya una armonía entre tus partes oscuras y tus partes luminosas, permite que haya contrastes, que haya polos opuestos en tu ser. Cuando aceptas la oscuridad y la luz, sabes que la vida tiene armonía gracias a los contrastes. Durante estos instantes, simplemente sé.

Ahora puedes volver a abrir los ojos, y prepárate para disfrutar el resto del día sabiendo que el equilibrio es algo que aparece cuando experimentas *todas* las dimensiones de la vida.

Cita del día

En la vida tiene que haber ambas cosas, espinas y rosas, día y noche, felicidad y tristeza, nacimiento y muerte. Sé testigo de todo esto y conocerás lo que está más allá del nacimiento y de la muerte, de la oscuridad y de la luz, de la felicidad y de la tristeza. Buda lo denominó paz, nirvana.

—Osho

Notas

DÍA 4 VIVIR EQUILIBRADAMENTE

DÍA 5
El amor y la meditación van de la mano

En el pasaje de la charla de hoy, Osho nos ofrece su visión de lo que él denomina el koan de las relaciones. Nuestras relaciones de pareja suelen ser muy difíciles de manejar porque son el origen de muchas subidas y bajadas, altos y bajos, positivos y negativos, en nuestra vida. A menudo se expresa con esta frase que nos resultará familiar, tanto a hombres como a mujeres: «no puedo vivir *contigo* ni *sin ti*». Osho nos dice que cuando consigamos no ver al otro como la *causa* de cómo nos sentimos —felices o infelices, insatisfechos o contentos— sino como un espejo que *nos muestra lo que somos*, esto nos permitirá darle una nueva dimensión al viaje de explorar la vida en compañía de otra persona.

La meditación que hay después de la charla se llama «Permitir que el corazón se abra como una flor». Puedes hacerla siempre que tengas un momento.

VISIÓN DE OSHO

Una relación de pareja es un koan. Mientras no resuelvas varias cosas fundamentales de tu ser, no podrás resolverlo. El problema del amor solo se resolverá cuando se haya resuelto el problema de la meditación, y no antes, porque ha sido originado por dos personas que no son meditativas. Dos personas confundidas, que no saben quiénes son, evidentemente multiplicarán la confusión del otro, la amplificarán.

Hasta que no aprendas a meditar, el amor seguirá siendo un misterio. Cuando aprendas a vivir solo, cuando aprendas a disfrutar de tu propia existencia, sin motivo alguno, entonces tendrás la posibilidad de resolver el segundo problema, que es mucho más complicado, de poder estar con otra persona. Solo dos meditadores pueden vivir con amor y hacer que el amor no se convierta en un koan. Y entonces tampoco será una relación en el sentido que ya conoces. Simplemente será un estado de amor, no un estado de relación.

Entiendo tu dificultad. Por eso le digo a la gente que analice estos problemas, ya que le harán tomar conciencia del problema fundamental, y es que, en el fondo, eres una incógnita. Y el otro solo es un espejo. Es difícil que veas tus problemas directamente, pero es mucho más fácil verlos en una relación de pareja, porque tienes un espejo. Te ves reflejado en el espejo, y el otro también. Los dos se enfadan porque ven caras horribles, y naturalmente se gritan, porque su razonamiento lógico es: «Espejo, tú me haces sentir feo. Sin embargo, yo soy una persona maravillosa».

Este es el problema que intentan resolver los amantes, pero nunca lo consiguen. Repiten constantemente: «Yo soy una persona maravillosa, pero tú me haces sentir feo».

Nadie te hace sentir feo, ¡lo eres! Lo siento, pero es así. Deberías estarle agradecido al otro, y deberías darle las gracias porque te ayuda a verte.

No te enfades, adéntrate en tu ser, profundiza en la meditación.

Lo que ocurre es que, cuando una persona está enamorada, se olvida totalmente de la meditación. Yo os observo, y siempre que falta alguna persona, ya sé lo que ha pasado: ¡se ha enamorado! Entonces creen que ya no es necesario venir. Pero cuando el amor empiece a causarles problemas y no sepan cómo resolverlos, volverán. Vendrán y dirán: «Osho, ¿qué puedo hacer?»

Cuando te enamores, no te olvides de la meditación. El amor no va a resolver nada. Solo te va a enseñar quién eres, dónde estás. Y está bien que el amor te haga reconocer toda la confusión y el caos que hay en tu interior. Ahora es hora de meditar. Cuando el amor y la meditación vayan juntos, tendrás dos alas, estarás equilibrado.

Y también ocurre lo contrario. Cuando una persona empieza a ahondar en la meditación, se aleja del amor porque cree que va a interferir con su meditación. Esto también es un error. El amor no interfiere con la meditación sino que la favorece. ¿Por qué? Porque te enseña dónde sigue habiendo problemas, te muestra dónde están. Sin el amor no serías consciente de tus problemas. Pero no ser consciente de ellos no significa que los hayas resuelto. Que no haya un espejo no significa que no tengas cara.

El amor y la meditación deberían ir de la mano. Este es uno de los mensajes más importantes que quiero compartir con vosotros: el amor y la meditación deberían ir de la mano. Ama y medita, medita y ama, y, poco a poco, verás cómo surge una nueva armonía en tu interior. Solo esa armonía te hará sentir feliz.

MEDITACIÓN:
PERMITIR QUE EL CORAZÓN SE ABRA COMO UNA FLOR

Esta meditación emplea la respiración..., que es algo que ocurre todo el tiempo, aunque generalmente no nos demos cuenta de ello.

Tómate unos instantes para aflojarte la ropa, especialmente alrededor del estómago, para que esa zona se pueda mover libremente.

«A veces el corazón lleno de amor está ahí», dice Osho, «... Pero es como un capullo, y no como una flor, tiene los pétalos cerrados. Este capullo no se puede convertir en una flor».

Debemos tener presente que hay dos cosas: el músculo del corazón y el centro del corazón —a veces llamado chakra del corazón o centro del corazón—, que se encuentra entre los dos pechos. En esta meditación nos ocuparemos del centro del corazón. Si quieres, puedes imaginarte el centro del corazón como una flor que te guste especialmente.

Es una sencilla técnica de respiración que sirve para ayudar al centro del corazón a florecer.

Técnica

Siéntate cómodamente con la espalda recta.

Toma conciencia de tu respiración... Sin cambiarla, intenta ser más consciente de ella, más consciente de CÓMO ocurre.

¿Es profunda o es superficial? ¿Sucede por su propia cuenta o has notado que tienes que hacer un esfuerzo para inhalar o para exhalar? ¿Estás más cómodo inhalando o exhalando?

Ahora vamos a respirar de una forma concreta. Primero te explicaremos cómo hay que hacerlo, y luego podrás cerrar los ojos para practicarlo.

Para empezar, exhala hasta que no quede NADA de aire en tus pulmones; luego contrae el estómago para expulsar el aire restante.

Cuando notes que ha salido todo el aire, haz una pausa y aguanta con los pulmones vacíos todo lo que puedas (no te asustes, porque el aire volverá a entrar por su cuenta cuando sea necesario).

Cuando el aire vuelva a entrar, abrirá los pétalos del centro del corazón. Este es uno de los métodos más específicos para abrir el corazón.

Ahora, prepárate:

Exhala profundamente contrayendo el estómago y expulsa TODO el aire de los pulmones.

Cuando sientas que ha salido todo el aire, aguanta todo lo que puedas…, quédate sin aire todo el tiempo que puedas.

… Cuando el aire vuelva a entrar, siente cómo se abren los pétalos de tu corazón.

Vuelve a hacerlo otra vez:

Exhala profundamente, contrae el estómago y expulsa TODO el aire de los pulmones.

Cuando sientas que ha salido todo el aire, aguanta todo lo que puedas…, quédate sin aire el tiempo que puedas.

Cuando el aire vuelva a entrar, siente cómo se abren los pétalos de tu corazón.

Esta sencilla técnica también la puedes usar para cambiar de estado de ánimo; por ejemplo, si estás celoso, disgustado por algo que ha ocurrido en tu trabajo o enfadado por algo que te han dicho, tómate unos instantes para expulsar todo el aire de los pulmones y expulsa al mismo tiempo toda la negatividad que sientas. Sácalo fuera. Y cuando el aire vuelva a entrar, deja que se abran los pétalos de tu corazón.

Cita del día

La meditación es el principio, la semilla, y el éxtasis es la flor. Cuando digo meditación no me refiero a mirar con la mente, porque la mente es lo que te aleja del mundo, sino a mirar con el corazón. El corazón te une al mundo, el corazón tiene el coraje de fundirse y unirse a la totalidad. La mente es cobarde, el que es verdaderamente valiente es el corazón.

—Osho

Notas

DÍA 5 EL AMOR Y LA MEDITACIÓN VAN DE LA MANO

DÍA 6

Vivir peligrosamente

Casi todos tenemos una «zona de confort» donde nos sentimos seguros y donde nos parece que casi todo está bajo control. Pero, a veces, esa zona de confort se puede convertir en una cárcel donde las cosas nunca cambian, y repetimos las mismas cosas día tras día. Cuando nos ocurre esto, no es raro sentirnos «estancados». El programa de hoy nos invita a salir de la zona de confort de lo conocido y de lo seguro. En su charla, Osho responde a esta pregunta: «¿Qué significa vivir peligrosamente?» Su respuesta te sorprenderá.

La meditación que sigue es un ejercicio para soltar la «armadura» que se crea a nuestro alrededor cuando tenemos miedo de salir de nuestra zona de confort. Intentar liberarnos de esta capa protectora, haciéndolo en un entorno seguro como es tu casa, nos permitirá encontrarnos con la gente y con lo desconocido de una forma más íntima y menos formal.

VISIÓN DE OSHO

¿Qué significa vivir peligrosamente?

Vivir peligrosamente es vivir. Si no vives peligrosamente, no estás viviendo. La vida solo florece cuando hay peligro. La vida no florece en la seguridad, sino en la inseguridad.

Si siempre quieres estar seguro, te convertirás en una laguna de agua estancada. Tu energía dejará de moverse. Tendrás miedo, porque nadie sabe cómo adentrarse en lo desconocido. ¿Para qué arriesgarte? Lo conocido es más seguro. Por eso te obsesionas con lo conocido. Te hartas de ello, te aburre, te sientes infeliz, pero, a pesar de todo, es lo que conoces y es cómodo. Por lo menos lo conoces. Lo desconocido te hace temblar, la idea misma de lo desconocido te hace sentir inseguro.

Solo hay dos tipos de personas en el mundo. Las que quieren vivir cómodamente…, que están buscando la muerte; quieren una tumba cómoda. Y las que quieren vivir y deciden vivir peligrosamente, porque solo hay vida donde hay riesgo.

¿Alguna vez has escalado una montaña? Cuanto más alta esté la cumbre, más fresco y joven te sentirás. Cuanto mayor es el peligro de la caída, cuanto mayor es el abismo que hay a tu lado…, cuando estás entre la vida y la muerte, cuando estás colgando entre la vida y la muerte, es cuando más vivo te sientes. Ahora no te puedes aburrir, no hay vestigios del pasado ni deseos para el futuro. El momento presente es muy intenso, es como una llama. Es suficiente. Estas viviendo en el aquí y ahora.

O surfeando…, o esquiando…, o haciendo vuelo sin motor. Siempre que exista el riesgo de perder la vida, hay una enorme felicidad, porque el riesgo de perder la vida te hace sentir más vivo. De ahí que la gente tenga tanta atracción por los deportes de riesgo.

Cuando te arriesgas y te alejas de todo lo establecido, de la vida rutinaria, vuelves a sentirte salvaje otra vez, y vuelves a formar parte del mundo animal. Y la seguridad, tu cuenta del banco, tu mujer, tu marido, tu familia, la sociedad, la iglesia, el honor…, se van difuminando y cada vez están más lejos. Te quedas solo.

Esta es la razón por la que a la gente le gustan tanto los deportes. Pero el peligro no es real, porque te has entrenado mucho. Estos riesgos son solo físicos, solo involucran al cuerpo. Cuando te digo vive peligrosamente, no me refiero solo al riesgo físico, sino al psicológico y, finalmente, al espiritual.

Cuando digo vive peligrosamente, me refiero a no vivir una vida respetable ordinaria, siendo alcalde de la ciudad o socio de una corporación. La vida no es eso. Cuando todo va perfectamente, debes darte cuenta de que te estás muriendo sin que pase nada. Cuidado, puedes perderte toda tu vida a cambio de cosas ordinarias y mundanas.

Ser espiritual significa darse cuenta de que no hay que prestarles demasiada atención a todas esas pequeñas cosas. Esto no quiere decir que sean insignificantes. El dinero es necesario, es una necesidad, pero no es una meta ni puede serlo. Tener una casa es necesario, sin lugar a dudas. Es una necesidad. Yo no soy un asceta, y no quiero que destruyas tu casa para irte al Himalaya.

Las personas me cuentan que están muy aburridas. Están hartas, estancadas. ¿Qué pueden hacer? Creen que pueden volver a sentirse vivas simplemente repitiendo mantras. Pero no es tan fácil. Tendrán que cambiar el patrón de su vida por completo.

Ama, pero no conviertas el amor en un matrimonio. Trabaja —el trabajo es necesario—, pero no reduzcas tu vida al trabajo. Tu vida debería seguir estando llena de juego; el juego, de hecho, debería ser el centro de tu vida. El trabajo debería ser un medio para poder jugar. Trabaja en una oficina, trabaja en una fábrica o en una tienda, pero hazlo siempre para tener tiempo y oportunidades de jugar. No reduzcas tu vida simplemente al trabajo, porque el objetivo de la vida es jugar. Jugar significa hacer algo por el placer de hacerlo.

Vivir peligrosamente es vivir la vida como si cada momento fuera un fin en sí mismo. Cada momento tiene un valor intrínseco. Y tú no tienes miedo. Sabes que existe la muerte y aceptas el hecho de que esté ahí, pero no te escondes de ella. De hecho, vas a su encuentro. Disfrutas, física, psicológica y espiritualmente, de los momentos en los que te encuentras con la muerte.

Disfrutar de esos momentos en los que estás en contacto con la muerte, en los que la muerte es casi una realidad, es lo que yo llamo vivir peligrosamente.

El amor te enfrenta a la muerte. La meditación te enfrenta a la muerte.

Pero recuerda una cosa, que nunca debes dejar de arriesgarte, nunca jamás. Conserva la capacidad de aceptar riesgos. Siempre que tengas una oportunidad de arriesgarte, aprovéchala y no serás un perdedor. El riesgo es la única garantía de estar realmente vivo.

MEDITACIÓN:
DISOLVER LA ARMADURA

La meditación de hoy es para disolver la capa de protección, la armadura invisible con la que hemos aprendido a enfrentarnos al mundo; nuestra zona «libre de riesgos».

Una de las maneras de protegernos de las situaciones o las personas que nos amenazan es crear una especie de coraza a nuestro alrededor, un «escudo protector» que nos ayude a sentirnos menos vulnerables, más a salvo y más seguros. Es muy fácil de detectar en los demás, incluso tenemos una expresión para describirlo: cuando una persona que normalmente es muy tímida empieza a decir lo que piensa, decimos que «ha salido del caparazón».

Esta coraza a veces puedes ser útil o incluso necesaria. El problema es que normalmente se convierte en una costumbre, en un patrón, como una segunda piel que nos impide estar plenamente vivos, ser espontáneos y juguetones, y confiar en nosotros mismos y en lo que somos. Lleva tanto tiempo con nosotros que ya no sabemos deshacernos de ella, aunque, de hecho, deberíamos poder quitárnosla con la misma facilidad que nos la ponemos.

Una mujer fue a ver a Osho porque tenía esta dificultad, y él le contestó:

«Tienes una coraza. Solo es una coraza. Ella no se aferra a ti, eres tú quien se aferra a ella. Cuando te empieces a dar cuenta, la podrás soltar. La coraza está muerta, y si no vas cargando con ella, desaparecerá.»

Osho le sugiere maneras de detectar la coraza utilizando una técnica de meditación para ayudarle a tomar conciencia de las partes del cuerpo donde se manifiesta.

Técnica

Esta meditación tiene tres partes:

PRIMERA ETAPA: mientras estás caminando o sentado, exhala profundamente. Debes hacer hincapié en la exhalación, y no en la inhalación. Exhala profundamente, expulsando todo el aire que puedas. Exhala por la boca, pero hazlo muy despacio para que dure mucho tiempo. Cuanto más dure, mejor, porque llegará más hondo. Cuando hayas expulsado todo el aire del cuerpo, el cuerpo mismo inhalará, no lo harás tú. Deberías exhalar lenta y profundamente, y la inhalación debe ser rápida.

Esto permitirá que la coraza de tu pecho se transforme.

SEGUNDA ETAPA: empieza a correr, a hacer *jogging* o a caminar a paso ligero. Mientras tus piernas están en movimiento, imagínate que están soltando una carga, como si se les cayera. Cuando nos han coartado la libertad durante mucho tiempo, la coraza está en las piernas. Ponte a correr, a hacer *jogging*, a caminar o incluso a bailar espontáneamente. Deja que las piernas se muevan y suelten la coraza que las rodea. Ahora, igual que en la primera etapa, hay que poner más atención en la exhalación.

Cuando vuelvas a recuperar tus piernas y estén ligeras, sentirás una inmensa fuente de energía.

TERCERA ETAPA: cuando te vayas a acostar por la noche, quítate la ropa y, mientras lo haces, imagínate que no te estás quitando solo la ropa, sino que también te estás quitando la coraza. Hazlo. Quítate la ropa y exhala profundamente mientras dejas caer la armadura.

Cita del día

Cuando una semilla se convierte en un brote, está yendo hacia lo desconocido.
Cuando un brote empieza a echar flores, vuelve a ser un viaje hacia lo desconocido.
Y cuando las flores se quedan sin aroma, ahora, de nuevo, vuelve a ser un salto a lo desconocido. La vida requiere mucho coraje para dar cada paso.

—Osho

Notas

DÍA 6 VIVIR PELIGROSAMENTE

DÍA 7

Observar la mente

Lo esencial de todos los métodos de meditación es mirar, observar, atestiguar, y estar atento. Lo que nos impide acceder al estado natural del ser de forma automática (¡y por eso tenemos que usar «técnicas»!) es que estamos totalmente inmersos en el proceso de pensamiento y sentimiento que en conjunto llamamos mente.

Es como si hubiésemos perdido el «botón» para apagar la mente, y que nuestros compañeros fieles fueran los pensamientos y las preocupaciones de los que al parecer no podemos separarnos. Los pensamientos no nos dejan dormir ni siquiera cuando nuestro cuerpo está cansado. Es interesante que Osho agrupe las emociones y los pensamientos en lo que se denomina «mente». Todos sabemos por experiencia que esta «máquina de pensar y sentir» nos puede hacer enloquecer. También es probable que todos hayamos pensado que sería maravilloso poder apagarla siempre que quisiéramos estar tranquilos y en paz, y siempre que el pensamiento no fuera realmente necesario.

Osho ha hablado mucho sobre la mente, y sus seguidores le han hecho multitud de preguntas al respecto. En el fragmento de hoy, Osho contesta a una pregunta acerca de si la mente se puede «suicidar». La persona que le formula esta pregunta evidentemente espera que haya algún atajo para silenciar la mente. Osho le responde con una maravillosa explicación de la relación entre la mente y la meditación.

En las meditaciones prácticas de Osho que encontrarás a continuación, hay una que nos anima a aceptar nuestros procesos de pensamiento y a empezar a disfrutar de la mente, en lugar de luchar contra ella. La segunda es un método efectivo e inmediato para detenernos, y que nos sirve para establecer una distancia que nos separe de nuestros pensamientos.

VISIÓN DE OSHO

¿Se puede suicidar la mente?

La mente no se puede suicidar, porque cualquier cosa que haga solo la fortalecerá más. Todo lo que haga la mente la fortalecerá. De modo que es imposible que se suicide.

Cuando la mente hace algo, se perpetúa..., de ahí que sea imposible desde un punto de vista lógico. Sin embargo, sí hay un suicidio. ¿La mente no puede cometerlo? Quiero dejar muy claro que la mente no puede cometer un suicidio; sin embargo, hay un suicidio. Sucede al observar la mente, pero no al hacer algo.

El observador está separado de la mente. Es más profundo que la mente, más elevado que la mente. El observador siempre se esconde de la mente. Surge un pensamiento o un sentimiento, ¿quién lo está observando? No es la mente misma, porque la mente no es más que un proceso de pensamiento o sentimiento. La mente solo es el tráfico de los pensamientos. ¿Quién la está observando? Cuando dices «He tenido un pensamiento de ira», quién es ese «tú»? ¿Quién ha tenido ese pensamiento? ¿Quién es el contenedor? El pensamiento es el contenido, pero ¿quién es el contenedor?

La mente es como imprimir un libro: las palabras aparecen sobre una hoja de papel en blanco. Esa hoja de papel es el contenedor y las palabras impresas son el contenido. La conciencia es como la hoja de papel. La mente es como el papel escrito, impreso.

Todo lo que existe como un objeto en tu interior, todo lo que puedas ver y observar, es la mente. El observador no es la mente, la mente es lo observado. Si puedes seguir observando sin juzgar y sin entrar en conflicto con la mente, sin complacerla, sin obedecerla ni ir en su contra, simplemente estando ahí, indiferente..., en esa indiferencia ocurre el suicidio. No es que la mente se suicide, sino que cuando aparece el observador hay un testigo y la mente desaparece.

La mente existe debido a tu colaboración o a tu conflicto. ¡El conflicto también es una forma de colaborar! Cuando luchas contra la mente, le estás dando energía. Por el hecho de luchar, estás aceptando su existencia; con tu lucha estás aceptando que la mente tiene poder sobre ti. Tanto si colaboras como si estás en conflicto con ella, estás fortaleciendo a la mente cada vez más.

Simplemente, observa. Sé un testigo. Verás que, poco a poco, surgen intervalos. Cuando se va un pensamiento y antes de que aparezca otro, hay un intervalo. En ese intervalo hay paz. En ese intervalo hay amor. En ese intervalo está todo lo que has estado buscando y nunca encontrabas. En ese intervalo ya no eres un ego. En ese intervalo no estás definido, confinado, aprisionado. En ese intervalo eres vasto, inmenso, gigantesco. En ese intervalo eres uno con la existencia, no hay ninguna barrera. Las barreras ya no existen. Te fundes con la existencia y la existencia se funde contigo. Empezáis a superponeros.

Si sigues observando sin aferrarte tampoco a estos intervalos, porque es natural querer aferrarse a ellos... Si empiezas a anhelar esos intervalos, que son maravillosos porque te hacen sentir una dicha inmensa..., y naturalmente sientes apego por ellos y cada vez quieres tener más, entonces fracasarás y el observador desaparecerá. Los intervalos también desaparecerán y volverá a aparecer el tráfico de la mente.

De modo que lo primero que tienes que hacer es convertirte en un observador indiferente. Lo segundo es recordar que, cuando surja un intervalo maravilloso, no debes intentar apresarlo; no debes perseguirlo ni debes desear que suceda más a menudo. Si puedes acordarte de estas dos cosas —cuando haya un intervalo maravilloso, obsérvalo y mantente indiferente—, llegará un día en que el tráfico y la carretera desaparecerán, y habrá un inmenso vacío.

Esto es lo que Buda denomina *nirvana*: la mente ha desaparecido. Esto es lo que yo llamo suicidio, pero no lo ha cometido la mente. La mente no puede hacerlo. Tú puedes facilitar que esto ocurra. Puedes evitarlo y también puedes permitirlo, depende de ti, no de tu mente. Todo lo que haga tu mente solo la fortalecerá.

La meditación realmente no es un esfuerzo mental. La verdadera meditación no es un esfuerzo en absoluto. La verdadera meditación es permitir que la mente haga lo que quiera sin interferir de ninguna manera, simplemente observando, atestiguando. Poco a poco, se calla y se queda quieta. Un día desaparecerá y te quedarás solo.

Esta soledad es tu verdadera realidad. Recuerda que esa soledad no excluye nada. Es una soledad que lo incluye todo.

MEDITACIÓN:
DISFRUTA DE LA MENTE, Y... *¡STOP!*

La primera técnica de meditación nace de una sugerencia que Osho le hizo a una persona que llegó con el siguiente problema: «Estoy harto de mi mente. Siento que nunca estoy aquí y que no veo nada. Aunque lo he intentado todo, he intentado meditar, he intentado estar atento, pero muchas veces no noto nada». Osho responde diciendo que el que pregunta está, en cierto modo, yendo contra su propia naturaleza; él es una persona «mental» y no una persona de «corazón», y si intenta cambiarse solo conseguirá ser más infeliz. Entonces, le ofrece otra alternativa.

Técnica 1. Disfruta de tu mente

No intentes detener tu pensamiento. Es algo natural, forma parte de ti; si lo intentas detener, te volverás loco. Es como pedirle a un árbol que deje de dar hojas; se volvería loco.

Pero no basta con dejar que el pensamiento fluya, el segundo paso es disfrutar de él, ¡jugar con él! Cuando juegues con él, lo disfrutes y le des la bienvenida, empezarás a estar más atento y a ser más consciente sin tener que hacer ningún esfuerzo, de una forma indirecta. Cuando intentas estar más atento, la mente te distrae y te enfadas con ella, y entonces el conflicto y la fricción vuelven a aparecer y refuerzan la mente.

De manera que este método consiste en disfrutar del proceso de pensamiento. Observa los matices de tus pensamientos, las vueltas que dan, cómo un pensamiento conduce a otro, cómo se van encadenando. ¡Cuando lo observas te das cuenta de que es un milagro! Un pequeño pensamiento puede tener un largo recorrido. El ladrido de un perro desencadena tu proceso de pensamiento. Te olvidas del perro y te acuerdas de un amigo que tenía un perro precioso. ¡Tu mente ya ha saltado a otra cosa! Ahora te olvidas de tu amigo y te acuerdas de su mujer, que era muy guapa, y así sucesivamente, y luego piensas en otras mujeres… Nadie sabe dónde acabará, ¡y todo ha empezado por el ladrido de un perro!

Disfruta de ello. Conviértelo en un juego; juega deliberadamente, y cuando encuentres maravillosas pausas simplemente por el hecho de disfrutarlo, te sorprenderás. Finalmente te darás cuenta de que aunque ladre un perro, por ejemplo, no surge nada en tu mente, no aparece una cadena de pensamientos. El perro seguirá ladrando y tú lo escuchas sin que surja ningún pensamiento. Habrá pequeños intervalos…, que van y vienen espontáneamente, y es maravilloso cuando esto sucede. En esos pequeños intervalos empezarás a observar al observador de forma natural. Luego volverán los pensamientos y los disfrutarás. Sigue así, tómatelo con calma.

Y, ahora, la segunda técnica:

Técnica 2. ¡STOP!

Si no estás de pie, ponte de pie un instante… y *¡STOP!*

Detente completamente, no te muevas y sigue atento a todo lo que ocurre. Sé consciente de los sonidos y de todo lo que ves a tu alrededor, independientemente de la sensación que te provoque. Basta con unos instantes, no tienes que obligarte a estar quieto, solo el tiempo suficiente para estar en el momento presente.

Muy bien —esto te ha dado una idea de lo que es el ejercicio *STOP* de Osho—, y como tarea para hoy te sugerimos que hagas este ejercicio de *¡STOP!* al menos cinco veces más antes de reanudar el curso mañana. No hace falta planearlo ni reservar un tiempo para hacerlo, hazlo siempre que te acuerdes —cuando estés lavando la vajilla, caminando por la calle, poniéndote los zapatos o realizando cualquier actividad diaria—, *¡STOP!*

Y además de esto, siempre que te acuerdes, disfruta observando la mente.

Cita del día

La única diferencia entre el sueño y la realidad es que la realidad te permite dudar, pero el sueño no… Para mí, una de las mayores bendiciones del ser humano es la capacidad de duda.

—Osho

Notas

DÍA 7 OBSERVAR LA MENTE

DÍA 8

Hay que ser inteligente para ser feliz

Normalmente nos empieza a interesar la meditación porque queremos encontrar la paz o ese escurridizo estado de bienestar que llamamos felicidad. Estas cualidades se quedan en un segundo plano frente al estrés, la preocupación, las prisas o, simplemente, «la mecánica diaria». En el fondo, todo el mundo quiere ser feliz y, afortunadamente, nuestra inteligencia interna sigue buscando la felicidad porque lo considera un derecho de nacimiento.

En respuesta a la pregunta de por qué es tan difícil ser feliz, Osho habla de la «felicidad» y la «infelicidad», y pone patas arriba el conocimiento convencional sobre estos supuestos polos opuestos. Como es habitual, aborda la pregunta desde un ángulo completamente inesperado.

La meditación que hay después de su visión es una técnica sencilla que reforzará tu cualidad innata y natural de ser feliz durante todo el día.

VISIÓN DE OSHO

¿Por qué es tan difícil ser feliz?

La infelicidad te puede dar muchas cosas que la felicidad no puede darte. Al contrario, la felicidad te quita muchas cosas. De hecho, la felicidad te quita todo lo que tengas, todo lo que seas; la felicidad te destruye. La infelicidad alimenta tu ego, mientras que la felicidad es esencialmente un estado sin ego. Ese es el problema, ahí está la raíz del problema. Por eso a la gente le resulta tan difícil ser feliz.

Cuando lo entiendas, todo quedará mucho más claro. La infelicidad te hace especial. La felicidad es un fenómeno universal, no tiene nada de especial. Los árboles y los animales son felices, los pájaros son felices. Toda la existencia es feliz excepto el ser humano. Al ser infeliz se convierte en una persona especial, extraordinaria.

Cuando estás enfermo, deprimido, o estás sufriendo, tus amigos vienen a verte y a consolarte, a animarte. Pero si eres feliz, esos mismos amigos te tienen envidia. Si eres realmente feliz, te darás cuenta de que tienes a todo el mundo en contra. A nadie le gusta que alguien sea feliz porque eso ofende al ego de los demás. Los demás empiezan a pensar: «Tú eres feliz mientras que nosotros seguimos arrastrándonos en la oscuridad, la desdicha y el infierno. ¡Cómo te atreves a ser feliz mientras nosotros estamos sufriendo!»

Si analizas tu infelicidad, descubrirás algunas cosas fundamentales. La primera es que la gente te respeta, es más amable contigo, más compasiva. Si eres infeliz tendrás más amigos. El mundo es muy extraño, hay algo que no marcha bien. No debería ser así; una persona feliz debería tener más amigos. Pero en cuanto eres feliz, la gente te empieza a envidiar y dejan de ser amables contigo. Sienten que les has traicionado, que has logrado algo que ellos no pueden..., ¿por qué eres feliz? Así, a lo largo de los siglos, hemos aprendido un sutil mecanismo: a reprimir la felicidad y a expresar la infelicidad.

Tienes que aprender a ser feliz y a respetar a las personas que lo son, y aprender a prestar más atención a las personas felices, recuérdalo. Harás un gran servicio a la humanidad. No compadezcas demasiado a las personas que son infelices. Si alguien es infeliz, ayúdalo, pero no lo compadezcas. No le hagas creer que la infelicidad es algo que merece la pena.

Tenemos que volver a aprender un nuevo idioma, y solo así podrá cambiar esta corrupta humanidad. Tenemos que aprender el lenguaje de la salud, de la plenitud, de la felicidad. Es difícil porque hay muchas cosas implicadas.

De ahí que sea tan difícil ser feliz y tan fácil ser infeliz. Y una cosa más: para ser infeliz no necesitas tener talento, todo el mundo lo puede conseguir. Pero ser feliz requiere talento, genialidad, creatividad. Solo son felices las personas creativas. Deja que esto cale hondo en tu ser: solo las personas creativas son felices. La felicidad es una consecuencia de la creatividad. Crea algo y serás feliz. Escribe un poema, compón una canción, baila una danza, y verás cómo empiezas a estar contento.

Hay que tener inteligencia para ser feliz. Una persona inteligente es rebelde. La inteligencia es una rebelión; sin inteligencia no puede haber felicidad. Una persona solo puede ser feliz si es inteligente, muy inteligente.

La meditación es un método para liberar tu inteligencia. Cuanto más meditativo seas, más inteligente serás. Pero cuando hablo de inteligencia no me refiero a la capacidad intelectual, tenlo en cuenta. La capacidad intelectual forma parte de la estupidez. La inteligencia es algo completamente distinto, no tiene nada que ver con la mente. La inteligencia es algo que surge de tu propio centro. Brota en tu interior, y con ella empiezan a surgir otras muchas cosas. Te conviertes en una persona feliz, creativa, rebelde, aventurera, empieza a gustarte la inseguridad. Empiezas a moverte por lo desconocido. Empiezas a vivir peligrosamente, porque esa es la única forma de vivir… Es cuando decides que «voy a vivir la vida con inteligencia», «no voy a ser un simple imitador», «me voy a arriesgar a ser yo mismo porque no quiero formar parte de la psicología de masas», «quiero ir por mi cuenta», «voy a encontrar mi camino», «voy a trazar mi propio camino hacia el mundo de la verdad». Cuando caminas por lo desconocido estás creando ese camino. Es un camino que no existía antes, lo creas al andar.

La inteligencia te da coraje para estar solo, y la inteligencia te da una visión para ser creativo. Tienes la necesidad y un profundo deseo de ser creativo. Y, solo así, como consecuencia de esto podrás ser feliz y estar lleno de dicha.

MEDITACIÓN:
LA SONRISA INTERIOR

La meditación de hoy es una técnica que nos ayudará a estar en un estado natural y sencillo de ausencia de ego…, es una parte del «lenguaje de la salud, la plenitud y la felicidad» que ha mencionado Osho antes.

Puedes hacer esta meditación durante unos minutos, siempre que tengas un momento y estés sentado en algún sitio sin nada que hacer. Puedes practicarla en el metro, en casa, a la hora de la comida, en el trabajo, o con tu hijo pequeño en el parque; básicamente, en un momento en el que estés desocupado. Al principio, mientras la estés aprendiendo, es mejor hacerla con los ojos cerrados. Luego podrás hacerla fácilmente con los ojos abiertos, y nadie se dará cuenta de que estás practicando una técnica de meditación mientras estás sentado.

Técnica

PRIMERA ETAPA: cuando no tengas nada que hacer, siéntate y relaja la mandíbula inferior. Deja que tu boca se abra ligeramente. Empieza a respirar por la boca, pero no profundamente. Deja que el cuerpo respire y que la respiración sea cada vez más superficial. Cuando sientas que es muy superficial y que tu boca y tu mandíbula se han relajado, notarás que se relaja.

SEGUNDA ETAPA: ahora empieza a sentir una sonrisa —no en tu cara, sino en todo tu ser—, y verás cómo te nace. No es una sonrisa que surja en los labios, es una sonrisa existencial que se extiende por todo tu cuerpo.

Tienes que intentar hacerlo para saber lo que es, porque no es algo que se pueda explicar. No hace falta que sonrías con los labios, con la cara; es como si sonrieras desde el vientre, es el vientre quien sonríe. Es una sonrisa, no una risa, y es muy suave, delicada y frágil, como un pequeño capullo de rosa que se abre en el vientre y esparce su aroma por todo el cuerpo.

Tercera etapa: cuando descubras esta sonrisa seguirás siendo feliz las veinticuatro horas del día. Cada vez que te falte esa felicidad, cierra los ojos unos instantes y vuelve a conectar con esa sonrisa, y seguirá ahí. Puedes encontrarla siempre que quieras durante el día, porque siempre está ahí.

Cita del día

La meditación es un fuego, te quema los pensamientos, los deseos, los recuerdos, quema el pasado y quema el futuro.
Te quema la mente y el ego. Elimina todo lo que crees que eres. Es una muerte y un renacimiento, una crucifixión y una resurrección. Es volver a nacer. Es perder tu antigua identidad por completo y alcanzar una nueva visión de la vida.

—Osho

Notas

DÍA 8 HAY QUE SER INTELIGENTE PARA SER FELIZ

DÍA 9

Integrar el cuerpo, la mente y el alma

Además de infinidad de libros, que son transcripciones de sus charlas, Osho es famoso por sus revolucionarias «meditaciones activas». Para las personas que viven en un entorno que les quita mucho tiempo, en el que tienen que afrontar muchas situaciones y personas diferentes a lo largo del día, como nos pasa a la mayoría, puede ser muy difícil sentarse en silencio. Tenemos que deshacernos de la tensión que se ha ido acumulando en el cuerpo y la mente para poder dedicarnos un «espacio de tiempo»; de lo contrario, esta acumulación de pensamientos, preocupaciones y tensiones reclamará la atención en cuanto nos sentemos.

Afortunadamente, como señala Osho, correr, nadar o bailar pueden ser puertas hacia la meditación. Si realizamos estas actividades con atención y con totalidad, provocarán la unidad del cuerpo, la mente y la conciencia de forma natural. Y eso es justo de lo que trata esta meditación.

Después de una introducción de Osho sobre la importancia de conjugar las energías del cuerpo, la mente y el espíritu, con la técnica de meditación de hoy obtendrás una idea de primera mano de lo que esto significa.

VISIÓN DE OSHO

Uno de los descubrimientos más importantes de la física actual es que la materia es energía. Es la mayor contribución de Albert Einstein a la humanidad.

La vida es energía. La ciencia ha descubierto que todo lo que observamos es energía, los objetos son energía. Desde hace siglos, por lo menos desde hace cinco mil años, sabemos que el polo contrario —el sujeto, el observador, la conciencia— es energía. Tu cuerpo es energía, tu mente es energía, tu alma es energía.

Si estas tres energías trabajan en armonía, estarás sano y completo. Pero si no trabajan en armonía y consonancia estarás enfermo y débil, no estarás completo. Lo que pretendemos aquí es ayudarte a que tu cuerpo, tu mente y tu conciencia bailen al mismo son, en unidad, en profunda armonía, sin conflictos y en colaboración.

La gente vive de una forma caótica: por un lado su cuerpo les dice una cosa y quiere ir en una dirección, y por otro lado la mente ignora al cuerpo, porque te han enseñado desde hace siglos que tú no eres el cuerpo, que tu cuerpo es tu enemigo, que tienes que luchar contra él, que tienes que destruirlo, que el cuerpo es pecado; no sientes que tu cuerpo esté bailando al mismo ritmo.

De ahí que insista tanto en el baile y en la música, porque solo puedes sentir que tu cuerpo, tu mente y tú están actuando al unísono cuando bailas. Es una alegría inmensa cuando los tres actúan juntos; tiene una riqueza incalculable.

Tienes que aprender a tocar estas tres energías para que se conviertan en una orquesta.

Los corredores, muchas veces… Es posible que correr no te parezca una meditación, pero hay corredores que han tenido una experiencia de meditación profunda. Y se han sorprendido porque no se lo imaginaban, pero ocurrió, y ahora correr se ha convertido más y más para ellos en un nuevo tipo de meditación. Te puede ocurrir cuando corres. Quizás alguna vez hayas salido a correr por la mañana disfrutando del aire fresco…, cuando todavía todo el mundo está durmiendo o se acaba de despertar, mientras tú corres y tu cuerpo responde a la perfección. El frescor del aire, el nuevo mundo que acaba de nacer tras la oscuridad de la noche, todo canta a tu alrededor, y te sientes tan vivo… En un cierto momento, el corredor desaparece y solo queda el correr. El cuerpo, la mente y el alma actúan conjuntamente y, de repente, se libera un orgasmo interno.

Yo he comprobado que un corredor puede estar más cerca de la meditación que el resto de las personas. Hacer *jogging* o nadar puede ser inmensamente útil. Todas estas cosas deberían convertirse en meditaciones.

Olvídate de las antiguas ideas sobre la meditación, olvídate de que la meditación consiste en sentarse debajo de un árbol en una postura de yoga. Ese tipo de meditación es uno de los muchos caminos, y puede que le sirva a ciertas personas, pero no a todo el mundo. No es una meditación para un niño, porque para él sería una tortura. Para un joven vivo y lleno de energía, esto no sería meditar, sino represión. Es posible que esta meditación sea adecuada para un anciano que ya ha vivido y cuya energía esté en declive.

La gente es distinta, hay muchos tipos de personas.

Correr, hacer *jogging*, bailar, nadar, todo puede ser una meditación. Mi definición de meditación es: cuando tu cuerpo, tu mente y tu alma trabajan en consonancia. Y si eres consciente de estarlo haciendo como una meditación —y no para participar en los Juegos Olímpicos, sino para que sea una meditación—, entonces es maravilloso.

Mi propósito es que la meditación esté al alcance de todo el mundo; cada persona debería tener acceso a la meditación más acorde a él. Si alguien necesita descansar, el descanso debería ser su meditación. Su meditación será estar «sentado en silencio, sin hacer nada, llega la primavera y la hierba crece sola». Tenemos que descubrir tantas dimensiones en la meditación como personas hay en el mundo. No puede haber un patrón demasiado estricto, porque no hay dos personas iguales. Tiene que ser un patrón muy fluido, para que encaje con cada persona. Antiguamente, las personas tenían que adaptarse al patrón.

Yo propongo una revolución: que el individuo no tenga que adaptarse al patrón, sino que el patrón se adapte al individuo. Tengo un respeto absoluto por el individuo.

Pero lo esencial es que, sea cual sea la meditación, cumpla este requisito: que el cuerpo, la mente y la conciencia trabajen en consonancia.

MEDITACIÓN:
IMAGÍNATE A TI MISMO CORRIENDO

Si correr, nadar o ir en bicicleta ya forman parte de tu vida y lo haces regularmente para «despejarte la cabeza» y recargar las pilas, quizá te hayas identificado con lo que Osho acaba de decir. Ya tienes la llave, y ahora tu trabajo consiste en usarla con una mayor intención y atención.

Si tu ejercicio físico consiste en ir a un gimnasio o correr en una cinta…, fíjate en cómo lo haces y plantéate convertirlo en una meditación. Apaga el televisor de la cinta de correr, deja el libro dentro de tu bolsa en el vestuario. Si te gusta escuchar música, ponte algo que sea muy energético y que potencie tu actividad física, en lugar de potenciar tu mente y tus emociones. Si en tu gimnasio ponen música, llévate unos tapones. Todo lo que te ayude a prestar plena atención y a poner energía en la actividad física te ayudará a llegar al espacio del que habla Osho.

Y ahora hablaremos de la técnica concreta de hoy, que quizá te sorprenda.

Técnica

Si no puedes correr por algún motivo, porque no tienes tiempo o no tienes un lugar adecuado, porque no te encuentras bien, porque el clima no acompaña o te has lesionado, intenta hacer lo siguiente:

Túmbate en la cama e imagínate que estás corriendo. Imagínate toda la escena, los árboles, el viento acariciándote la cara, el sol, la playa, el aire salado..., todo, visualízalo con todo el colorido que puedas.

Quizá recuerdes una mañana maravillosa del pasado —corriendo por la playa o por el bosque—, imagínate corriendo, corriendo, corriendo... Muy pronto notarás cómo cambia la respiración..., y tú sigues corriendo..., puedes seguir corriendo kilómetros y kilómetros...

Lo asombroso es que, pese a hacerlo en la cama, puede haber momentos en los que de repente estés meditando, en silencio, y encuentres la paz interior.

Luego..., cuando hayan pasado unos quince o veinte minutos..., deja de correr y quédate quieto. Respira profundamente y descansa un rato, y observa lo que ocurre dentro y fuera.

Cita del día

Aprende a celebrarte a ti mismo, sin motivo, sin causa alguna. El simple hecho de existir es más que suficiente. Ser parte del todo es una metamorfosis tan grande que no podrás resistirte y tendrás que bailar y cantar para expresar tu alegría y tu dicha.

—Osho

Notas

DÍA 9 INTEGRAR EL CUERPO, LA MENTE Y EL ALMA

DÍA 10
Reducir la velocidad

La tecnología sirve para facilitar la vida, pero la realidad de muchas personas es que la vida actual es más ajetreada que la de antes; estamos operativos a cualquier hora, de la mañana a la noche revisando textos, correos electrónicos, blogs, entradas en las redes sociales y noticias.

Si nos comparamos con la gente que vivía en la época de Buda o incluso hace cien años, la vida es un torbellino de actividad y una estimulación sensorial constante. Nos pasamos la vida corriendo de un sitio a otro.

La meditación del programa de hoy es acerca de volver a aprender a reducir la velocidad.

Cuando Osho nos explica que la meditación puede ser muy útil para reducir la velocidad, él analiza lo que hemos aprendido sobre la importancia de tener una meta, estar ocupado, y el miedo de que nos llamen «vagos» o de carecer de ambición. Finalmente, si somos capaces de reconocer estas actitudes que hemos adoptado, empezaremos a entender que lo que hay que hacer es vivir exactamente cada momento estando plenamente presentes en ese momento.

La meditación de hoy se llama «Rodéate de un clima de felicidad» y es un experimento para crear nuestro propio entorno, un centro de felicidad que permanezca relajado incluso en medio del ciclón del mundo exterior.

VISIÓN DE OSHO

¿Cómo podemos reducir la velocidad?

La vida no va a ninguna parte, no tiene una meta, no tiene un destino. La vida no tiene un propósito, simplemente es. Hasta que no lo entiendas desde tu corazón, no podrás reducir la velocidad.

Reducir la velocidad no es una cuestión de «cómo»; no se trata de una técnica ni de un método.

Siempre lo queremos reducir todo a un cómo. En el mundo hay un exceso de «cómo hacerlo», y todo el mundo, especialmente en lo que se refiere a la mentalidad actual, se ha convertido en un cómo hacerlo: cómo hacer esto, cómo hacer aquello, cómo ser rico, cómo tener éxito, cómo influir en las personas y hacer amigos, cómo meditar, incluso cómo amar. Dentro de poco, un idiota preguntará cómo respirar.

Sin embargo, no es una cuestión de *cómo* hacerlo en absoluto. No limites la vida a la tecnología. Si la limitas a eso perderá el aroma de la felicidad.

He encontrado un libro que tiene un título hilarante, se llama *Debes relajarte*. Si intentas hacerlo, te darás cuenta de que estarás mucho más tenso que antes. Cuanto más lo intentes, más tenso estarás.

La relajación no es una consecuencia o un resultado de una actividad, sino un destello de la comprensión.

Vive en el momento presente simplemente por la alegría de hacerlo. Entonces, cada momento tendrá la cualidad de un orgasmo. Sí, es orgásmico. Estás aquí para disfrutar de la vida en su totalidad. Y la única forma de vivir, amar y disfrutar es olvidarse del futuro. El futuro no existe.

La vida es una peregrinación a ninguna parte, de ninguna parte a ninguna parte. Y entre esos dos sitios está el aquí-ahora. En inglés, la palabra *nowhere*, que significa ninguna parte, contiene, a su vez, dos palabras: *now* o ahora y *here* o aquí. Entre esos dos «ninguna parte» está el aquí-ahora.

No se trata de utilizar una técnica concreta para reducir la velocidad, porque si el enfoque de la vida sigue siendo el mismo —orientado hacia una meta—, aunque te propongas reducir la velocidad y lo consigas, estarás añadiendo más tensión a tu vida. Tendrás que estar en guardia constantemente para controlar la velocidad; tendrás que contenerte para que no aumente.

¿Cómo se te ocurre reducir la velocidad? Si lo haces, serás un fracasado; si lo haces, nunca tendrás éxito. ¡Si lo haces, estarás perdido! Si lo haces, serás una persona anónima, no podrás dejar tu huella en el mundo. ¿Quién serás si reduces la velocidad? El resto de las personas no lo hacen.

Es como si participaras en una carrera en los Juegos Olímpicos y me preguntaras: «¿Cómo reduzco la velocidad?» Si lo haces, ¡te eliminarán de la carrera! Ya no podrás competir en los Juegos Olímpicos. La vida se ha convertido en una carrera olímpica. Todo el mundo está corriendo, todo el mundo tiene que dar lo mejor de sí, porque es una cuestión de vida o muerte. Tenemos millones de enemigos..., vivimos en un mundo donde todo el mundo es tu enemigo, porque cualquiera que compita contigo se convierte en tu enemigo.

La meditación no es algo que pueda florecer en cualquier terreno. Tiene que haber una noción básica, tiene que haber un cambio fundamental. Necesita tierra nueva para germinar, necesita una nueva Gestalt.

Un meditador puede reducir la velocidad sin esfuerzo. No lo tiene que practicar. Cuando tienes que practicar algo, no es verdad; es artificial, arbitrario. Evita las cosas que tengas que practicar porque serán una actuación, pero no serán verdad. Solo la verdad libera.

Este momento es el único que hay, y esta realidad es la única que hay, y la única que ha habido y habrá.

Cambia tu filosofía básica, que en este momento es la del éxito. Relájate en tu propio ser. No tengas ideales, no intentes convertirte en algo. Eres perfecto tal como eres. Eres perfecto con todas tus imperfecciones. Si eres imperfecto, serás perfectamente imperfecto, pero la perfección está ahí.

MEDITACIÓN:
RODÉATE DE UN CLIMA DE FELICIDAD

Si te funciona este método, practícalo unos minutos por las noches durante tres semanas y deja que te acompañe libremente a lo largo del día. Más tarde podrás dejar de practicarlo por la noche y poco a poco, a medida que sus lecciones se incorporen a tu vida, el método desaparecerá.

Técnica

PRIMERA SEMANA: túmbate o siéntate en la cama, apaga la luz y quédate a oscuras. Recuerda un momento inolvidable que hayas vivido en el pasado, elige tu momento preferido. Puede ser algo muy normal, porque a veces las cosas extraordinarias ocurren en situaciones ordinarias: estar sentado sin hacer nada, con la lluvia repicando en el tejado…, rodeado por el olor, por el sonido… y de repente se produce una conexión, se produce un momento sagrado. O un día, dando un paseo, los rayos del sol resplandecen entre los árboles y de repente algo se conecta, algo se abre, y te transporta a otro mundo durante un instante.

Cierra los ojos y revive ese momento. Recuerda todos los detalles, los sonidos…, los olores…, la textura misma del momento… Un pájaro que canta, un perro que ladra…, el viento que sopla, todos los sonidos. Sumérgete en esa experiencia desde todos los ángulos; de forma multidimensional, con todos los sentidos. Cuando hayas escogido tu momento inolvidable, sigue haciendo esta meditación durante siete noches.

Verás cómo cada noche profundizarás más en todos los detalles, y verás cosas que no viste en un primer momento, pero tu mente las ha registrado. Descubrirás matices sutiles que no habías notado antes. Te darás cuenta de que, aunque estaban ahí, antes no los veías. La mente lo registra todo, es un buen sirviente, es muy eficiente.

Al séptimo día verás tu momento inolvidable con claridad, te parecerá que nunca lo habías visto tan claro como ahora.

La segunda semana sigue igual que antes, pero añadiendo una cosa más: siente que te rodea el entorno que había en ese momento…, siente cómo ese ambiente te rodea por todas partes, aproximadamente a un metro a tu alrededor. Siente el aura de ese momento rodeándote. Es posible que el decimocuarto día sientas que estás en un mundo completamente distinto y tengas conciencia de que, más allá de ese metro de distancia, hay otro tiempo y otra dimensión.

Tercera semana: añade una cosa más. Vive ese momento, estás rodeado por él, y crea un antiespacio imaginario. Por ejemplo, te encuentras muy bien y estás rodeado por un espacio de bondad y de felicidad de un metro alrededor de ti. Imagínate una situación como la que vamos a mencionar a continuación.

Alguien te insulta, pero ese insulto solo llega hasta el límite de tu espacio. Hay una valla, y el insulto no puede tocarte. Es como una flecha…, y se queda ahí. O acuérdate de un momento triste. Te han herido, pero ese dolor solo llega hasta la pared de cristal que te rodea, y se queda ahí. Nunca te alcanza.

Si las dos primeras semanas han ido bien, la tercera semana podrás comprobar que todo se detiene en ese límite y nada te puede alcanzar.

Durante la cuarta semana y las siguientes sigue manteniendo ese aura cuando vayas al mercado, o a hablar con la gente; tenla presente en todo momento. Te encantará porque podrás moverte por el mundo estando en tu propio mundo, tendrás un mundo privado que te permitirá vivir constantemente en el presente con calma y quietud y estando centrado.

Mantén ese aura durante varios días o meses. Cuando creas que ya no la necesitas, podrás dejarla. Cuando aprendas a estar aquí y ahora y a disfrutar de su gran belleza e inmensa felicidad, podrás desprenderte de ese aura.

Cita del día

Las mujeres saben esperar, pueden esperar eternamente, tienen una paciencia infinita. Esto es así porque cargan con un bebé durante nueve meses. Fíjate en una madre, en una mujer que está a punto de ser madre: qué guapa está, qué belleza irradia, está rodeada por un aura. Está brotando y pronto florecerá.

—Osho

Notas

DÍA 10 REDUCIR LA VELOCIDAD

DÍA 11

Todo el mundo es creativo

El programa de hoy pone a prueba nuestras creencias limitadoras acerca de la creatividad. Vivimos en una cultura que da por hecho que todo el mundo debe tener algún talento especial, un don, o dominar alguna técnica para poder ser creativo. Osho discute esta creencia e insiste en que la creatividad es, antes que nada y sobre todo, un enfoque de la vida, una capacidad de aportar alegría a todo lo que estemos haciendo en cada momento, ya sea cocinar, limpiar el suelo, lavar los platos o charlar tranquilamente con un amigo.

La meditación de hoy se llama «De la jerigonza al silencio». Divertida, lúdica, energética, puedes contemplarla como un método que consiste en crear un lienzo en blanco para rellenarlo con tu vida, o una forma de deshacerte de todas las ideas que te han impuesto sobre lo que significa ser creativo.

VISIÓN DE OSHO

La creatividad no tiene nada que ver con llevar a cabo una actividad, no tiene nada que ver con pintar, recitar poemas, bailar o cantar. No tiene nada que ver con nada en particular.

Todo puede ser creativo, quien le aporta esa cualidad a una actividad eres tú. La actividad en sí no es creativa ni lo contrario. Puedes pintar de una forma que no sea creativa o puedes cantar de una forma que no sea creativa. Y puedes limpiar el suelo de una forma creativa o puedes cocinar de una forma creativa. La creatividad es la cualidad que tú le aportas a la actividad que estés haciendo. Es una actitud, es un enfoque interno, es tu forma de ver las cosas.

Lo primero que debes tener en cuenta es que no debes limitar la creatividad a nada en concreto. El ser humano es creativo y, puesto que es así, habrá creatividad en todo lo que haga, aunque solo sea andar. Simplemente estar sentado en silencio sin hacer nada es un acto creativo. Buda sentado debajo de la higuera sagrada sin hacer nada es el mayor creador que haya habido en el mundo.

Cuando entiendas que el que puede ser creativo o no creativo eres tú, el problema desaparece.

No todo el mundo puede ser pintor, y tampoco es necesario. Si todo el mundo pintase, el mundo sería horrible; ¡no sería fácil vivir en un mundo así! No todo el mundo puede ser bailarín, y tampoco es necesario. Pero todo el mundo puede ser creativo.

Hagas lo que hagas, si lo haces con alegría y con amor, si no es por un motivo puramente económico, entonces será un acto creativo. Si te das cuenta de que algo te produce un crecimiento interior y te nutre, entonces es espiritual, creativo, divino.

Ama todo lo que hagas. Sea lo que sea, cuando lo hagas, hazlo meditativamente, sin importar lo que estés haciendo. La creatividad significa amar lo que haces, disfrutar y celebrarlo como un regalo de la existencia. Es posible que no se entere nadie, de modo que, si para decir que eres creativo, lo que buscas es la fama —si llegas a ser tan famoso como Picasso, podrás decir que eres creativo—, te estás equivocando. En este caso, de hecho, no estás siendo creativo en absoluto, es una actitud política, ambiciosa. Está bien que seas famoso, pero, si no lo eres, también está bien. Esa no debería ser la condición. La condición es disfrutar de lo que hagas. Se trata de una historia de amor.

Si tu acto es una historia de amor, será creativo. Las pequeñas cosas se vuelven grandes bajo la luz del amor y el placer de hacerlas.

La persona que ha hecho esta pregunta, dice: «Creía que yo no era creativo». Esto es lo que le enseñan a todo el mundo. A muy pocas personas se las considera creativas, solo a algunos pintores, a algunos poetas, a uno entre un millón. Esto no tiene sentido. Todos lo seres humanos son creativos al nacer. Fíjate en los niños y te darás cuenta de que todos los niños son creativos. Poco a poco vamos destruyendo su creatividad. Poco a poco les inculcamos falsas creencias. Poco a poco desviamos su atención. Poco a poco les hacemos tener una actitud más económica, más política, más ambiciosa.

Cuando entra en juego la ambición desaparece la creatividad, porque una persona ambiciosa no puede ser creativa, una persona ambiciosa no ama ninguna actividad en concreto. Estamos destruyendo la creatividad. Todo el mundo es creativo al nacer, pero convertimos al noventa y nueve por ciento de las personas en personas no creativas.

De nada sirve, sin embargo, echarle la culpa a la sociedad. Tienes que tomar las riendas de tu propia vida. Tienes que deshacerte de tus antiguos condicionamientos. Tienes que renunciar a todas las autosugestiones erróneas e hipnóticas que te han inculcado desde la infancia.

Una persona creativa llega al mundo para aumentar su belleza con una canción o una pintura. Hace que el mundo baile mejor, disfrute más, ame más, medite más. Cuando se vaya de este mundo, dejará un sitio mejor. Quizá no le conozcan o quizá sí, pero eso no es lo importante, lo importante es que deja un mundo mejor y está inmensamente satisfecho de que su vida haya sido útil.

Si puedes sonreír de todo corazón, tomar a alguien de la mano y sonreír, eso, en sí mismo, ya es un acto creativo, un enorme acto creativo. Puedes ser creativo simplemente abrazando a alguien con el corazón creativo, o mirando a alguien con una mirada cariñosa, porque una mirada cariñosa puede cambiar el mundo de una persona.

No estás aquí por casualidad, tiene un sentido que estés aquí. Tienes un propósito. El todo pretende hacer algo a través de ti.

MEDITACIÓN:
DE LA JERIGONZA AL SILENCIO

La meditación de hoy es una técnica para que tu mente esté más fresca y pura; es una de las formas más simples y científicas de limpiar y refrescar tu mente.

Osho dice: «Imagínate que pudieras decir todo lo que te hubiera gustado decir en un momento dado y no lo has hecho porque eres una persona civilizada, por educación, por tu cultura o tu sociedad. ¡Y luego imagínate decirlo en un idioma que hayas oído hablar pero no entiendas! Por ejemplo, si has oído hablar en chino y no lo entiendes, ¡dilo en chino! Grita, ríete, llora, haz ruido, gesticula. Haz todo lo que se te ocurra sin preocuparte de que sea racional ni de que tenga sentido o significado, como lo haría un pájaro.

»Di todo lo que se te pase por la cabeza, todas las tonterías, exprésalo todo. Hazlo con totalidad, con mucho entusiasmo.»

Técnica

Para esta meditación debes escoger un momento y un sitio donde puedas disfrutar de privacidad. Cada etapa dura cinco minutos. Si te cuesta reír o llorar, puedes probar a hacer solo la primera y la última etapa. Llegará un punto en que la segunda y la tercera etapa surgirán espontáneamente y con más facilidad.

PRIMERA ETAPA: jerigonza. Haz ruidos sin sentido y habla en un idioma que no conozcas. Está bien usar la estructura y el sonido del lenguaje humano, pero no uses solo gruñidos o rugidos de animal, ya que el efecto es distinto. Una vez aclarado esto, tienes libertad absoluta para gritar, chillar y expresar tus sentimientos.

Segunda etapa: ríete. Ríete con totalidad y sin motivo alguno.

Tercera etapa: llora y gime sin motivo, hasta que te hayas desahogado.

Ultima etapa: túmbate, quédate quieto y callado como si estuvieses muerto, el único movimiento que hay es el de la respiración entrando y saliendo.

Cita del día

Un acto creativo aumenta la belleza del mundo. Le aporta al mundo algo más, y no le quita nada.

—Osho

Notas

DÍA 11 TODO EL MUNDO ES CREATIVO

DÍA 12

Intuición — Contemplar desde el interior

La intuición surge en el espacio que hay entre la mente intelectual y lógica y el mundo del espíritu, que es más inclusivo. La mente conoce el mundo a través de la lógica; el espíritu experimenta la realidad a través de la intuición. Osho debate acerca de estos temas de una forma maravillosamente lúcida, en ocasiones divertida, y enormemente fascinante. Todas las personas poseen la capacidad de la intuición de forma natural, pero, habitualmente, el condicionamiento y la educación formal no trabajan a favor de ella. En lugar de entender y usar su instinto para su crecimiento y el desarrollo personal, a las personas les enseñan a ignorar sus «corazonadas» o presentimientos; en este proceso socavan las raíces mismas de su sabiduría innata, que tendría que florecer y convertirse en su intuición. Osho nos habla aquí sobre la intuición y nos da algunas pautas para distinguir entre la visión intuitiva o «hacernos ilusiones», lo que nos puede llevar a tomar decisiones equivocadas que tengan consecuencias no deseadas.

VISIÓN DE OSHO

Hay un fenómeno llamado intuición que prácticamente desconocemos. Ni siquiera sabemos que existe algo llamado intuición.

La intuición es un fenómeno muy diferente a la razón. La razón discute, la razón emplea un proceso que se llama conclusión. La intuición salta, da un salto cuántico. No hay ningún proceso. Simplemente, llega a conclusiones sin que haya un proceso.

Ciertos matemáticos han sido capaces de resolver cualquier tipo de problema sin necesidad de analizar el proceso. Lo hacían por medio de la intuición.

A los matemáticos siempre les han llamado la atención los problemas insólitos. ¿Cómo lo consiguen? A un matemático podría llevarle una, dos o tres horas resolver este problema. Incluso un ordenador puede tardar varios minutos en resolverlo y, sin embargo, ellos no tardan nada. Se lo preguntas y, en un instante...

Hoy en día, la intuición ha sido reconocida por las matemáticas. Cuando la razón falla, solo funciona la intuición. Los grandes científicos se han dado cuenta de una cosa: de que es la intuición la que hace todos los descubrimientos importantes, y no la razón.

Madame Curie trabajó a lo largo de tres años en un problema e intentó resolverlo desde diferentes ángulos, pero siempre fracasaba. Una noche en que estaba completamente agotada, se acostó y decidió... Este incidente es casi como el de Buda. Esa noche dijo: «Ya está bien. He perdido tres años. No vale la pena seguir intentándolo. Lo voy a dejar». Esa noche decidió renunciar a seguir intentándolo, y se fue a dormir.

En mitad de la noche se levantó, fue a su mesa y escribió la solución. Luego volvió a su cama y se durmió. A la mañana siguiente ni siquiera recordaba que se hubiera levantado, pero la solución estaba escrita en la mesa. En la habitación no había nadie más y, aunque hubiera habido alguien, era imposible que supiera la respuesta. Ella llevaba tres años trabajando en ello y la suya era una de las mentes más brillantes de su época. Pero, aunque no hubiera nadie, la solución estaba escrita ahí. ¡La miró con detenimiento y se dio cuenta de que estaba escrita con su propia letra! De pronto, volvió a recordar su sueño. Recordó que había soñado que estaba sentada en la mesa escribiendo algo por la noche. Y, poco a poco, lo fue recordando todo. Había encontrado la solución a través de algo que no era la razón. Era la intuición.

DÍA 12: Intuición – Contemplar desde el interior

Para que esto ocurra, primero se tiene que agotar la razón. La intuición solo funciona cuando se agota la razón. La intuición no es un proceso; simplemente es un salto del problema a la conclusión. Es un atajo. Un destello.

Hemos corrompido la intuición. La intuición masculina está casi absolutamente corrompida.

La intuición femenina no está tan corrompida, y por eso las mujeres tienen lo que se llama «corazonadas», que es una porción de la intuición. Una mujer no es capaz de explicar por qué lo sabe. Es imposible. Solo es una corazonada, lo siente en sus entrañas. Pero solo es un destello, porque eso también está muy corrompido. La intuición empieza a florecer cuando consigues dejar a un lado todas tus ideas fijas —porque te han enseñado que la única vía para llegar a una conclusión es la razón—, y cuando te olvidas de la fijación de tener que centrarte en la razón. Ya no es simplemente un destello, es una fuente que está a tu disposición constantemente. Puedes cerrar los ojos para conectar con ella y siempre te señalará la dirección correcta.

De ahí que los seguidores de Fisher-Hoffman (que proponen una psicoterapia intensiva muy estructurada y limitada en el tiempo) lo consideren una guía. Si este proceso va realmente hacia dentro..., aunque es bastante difícil, porque primero hay que atravesar esas cinco capas, y no creo que haya mucha gente capaz de hacerlo, ni siquiera los que practican la terapia Fisher-Hoffman. Sin embargo, ese concepto es correcto, y si atraviesas las cinco capas surgirá algo dentro de ti que podemos llamar una guía. Siempre tienes la posibilidad de conectar con la energía de tu intuición y encontrarás el consejo correcto. Esto es lo que llaman gurú en Oriente, tu maestro interno. Cuando tu intuición empiece a funcionar no tendrás que buscar un gurú externo para pedirle consejo.

La intuición es estar en profunda sintonía contigo mismo. Cuando ocurre esto, las soluciones aparecen de forma milagrosa.

MEDITACIÓN:
ENCONTRAR AL TESTIGO

«Esta técnica», dice Osho en el *Libro de los secretos*, «es uno de los métodos más profundos... Intenta entender esto: la atención entre las cejas... La fisiología moderna y las investigaciones científicas postulan que hay una glándula entre las dos cejas que es la parte más misteriosa del cuerpo. Está glándula recibe el nombre de glándula pineal y es el tercer ojo de los tibetanos, *shivanetra*, el ojo de Shiva en el tantra. Entre los dos ojos hay un tercer ojo que no está funcionando. Está ahí y podría empezar a funcionar en cualquier momento, pero no lo hace de forma natural. Tienes que hacer algo para que se abra. No está ciego, pero está cerrado. Esta técnica sirve para abrir el tercer ojo».

Técnica

Cierra los ojos y enfócalos entre las dos cejas. Es como si confluyesen los dos ojos. Pon toda tu atención al hacerlo.

Este es uno de los métodos más sencillos para estar atento. No es tan fácil prestar atención a otra parte del cuerpo. Esta glándula absorbe la atención intensamente; si le prestas atención, el tercer ojo puede hipnotizar a tus ojos; se quedan fijos, no se pueden mover. Es mucho más difícil estar atento a otras partes del cuerpo. El tercer ojo atrae la atención, absorbe la atención. Es un imán. De ahí que haya sido utilizado por todas las tradiciones espirituales del mundo. Es la forma más sencilla de ejercitar la atención, porque, además de estar atento, esta glándula te ayuda, tiene magnetismo.

Cuando te enfocas en el tercer ojo te conviertes, de repente, en el testigo. A través del tercer ojo puedes comprobar cómo discurren por tu mente los pensamientos como si fueran nubes en el cielo o gente que pasa por la calle.

Estás sentado en la ventana de tu casa mirando el cielo o viendo a la gente pasar, sin identificarte con nada. Estás alejado, eres un observador en la colina, eres diferente. Si hay peligro, lo verás como un objeto. Ya no sientes que tú estás enfadado. Estás rodeado de ira —ha llegado una nube de ira—, pero no eres tú. Y cuando no eres tú, la ira se vuelve impotente y no te puede afectar; te deja intacto. La ira viene y va, pero tú sigues estando en tu centro.

Esto puede funcionar en ambos sentidos. Si te vuelves un testigo, te centrarás en el tercer ojo. Intenta ser un testigo. Intenta ser testigo de todo lo que ocurre. Si estás enfermo, si te duele el cuerpo, si estás sufriendo y pasándolo mal por el motivo que sea, conviértete en un testigo. Pase lo que pase, no te identifiques con nada. Sé un testigo, un observador. Si lo consigues, te habrás enfocado en el tercer ojo. También puede ocurrir al revés: que si estás enfocado en el tercer ojo te conviertas en el testigo. Las dos cosas son lo mismo.

Cita del día

Cuando empiezas a vivir la verdad, la
auténtica vida, la de tu rostro original,
los problemas poco a poco se van disolviendo
porque desaparece tu conflicto interior y
ya no estás dividido. Ahora tu voz tiene
una unidad, todo tu ser se convierte
en una orquesta.

—Osho

Notas

DÍA 12 INTUICIÓN – CONTEMPLAR DESDE EL INTERIOR

DÍA 13
Meditación y condicionamiento

En el programa de hoy exploraremos la pregunta del «condicionamiento» y el papel que juega en nuestras vidas y en lo que creemos que somos. Osho suele hablar de la importancia de liberarnos del pasado. Cuando lo dice no se refiere a unos hechos concretos que han ocurrido, sino a la huella que ha dejado ese pasado en nuestra conciencia o, en otras palabras, a la programación a la que hemos sido sometidos. Esta programación comienza casi desde el momento en que nacemos. Nuestros padres, nuestros amigos, nuestros profesores… y la sociedad en la que vivimos se encargan de hacerlo. Todos nuestros conceptos de lo que está bien y lo que está mal, lo que es apropiado y lo que no, lo verdadero y lo falso, lo importante y lo que carece de importancia…, todo esto forma parte de nuestro condicionamiento.

En la charla que hay a continuación, Osho nos anima a darnos cuenta de nuestro condicionamiento, a entenderlo y empezar a verlo en acción en nuestra respuesta a las situaciones y a la gente que está a nuestro alrededor. Y, finalmente, a liberarnos de él —dejar de ser lo que Osho denomina «humanoides», programados por el pasado— y empezar el viaje del descubrimiento de la inocencia y el silencio con el que nacimos, lo que los seguidores del zen llaman «el rostro original».

VISIÓN DE OSHO

Renunciar al pasado es lo más difícil que puedes afrontar en la vida, porque significa renunciar a tu identidad, a tu personalidad. Es renunciar a ti mismo. Tú solo eres tu pasado, solo eres un cúmulo de condicionamientos. Tu condicionamiento es muy profundo porque te lo han inculcado desde el principio, te han empezado a condicionar desde que naciste. Cuando te has dado cuenta o has sido consciente de ello, ya había calado hasta el fondo de tu ser. No podrás saber quién eres a menos que te adentres hasta el núcleo más profundo de tu ser que no ha sido condicionado, que existía antes de que te condicionaran, y te vuelvas de nuevo silencioso e inocente.

La meditación significa llegar a ese centro, al nivel más profundo. Los seguidores del zen lo denominan el rostro original.

Antes hay que entender este condicionamiento. Por su culpa has perdido la parte más esencial, natural y espontánea de ti. Ya no eres un ser humano, aunque aparentes serlo. Te has convertido en un humanoide.

Un humanoide es alguien que es incapaz de conocerse, que no sabe quién es. Ha tomado prestadas todas las ideas de lo que es; se las han dado otros humanoides. Un humanoide es incapaz de movilizar sus intenciones; no tiene voluntad. Es un ser dependiente que ha perdido su libertad. Esto, en esencia, es una psicopatología.

Hoy en día todo el mundo tiene una psicopatología. Aunque las personas parezcan normales, no lo son. La tierra se ha convertido en un manicomio, pero es difícil darse cuenta porque la tierra entera es un manicomio. Toda la gente que hay a tu alrededor es como tú, y por eso crees que eres normal y ellos también.

Es muy raro encontrar a una persona normal, porque el mundo no permite que haya personas normales.

Un humanoide es alguien sin voluntad propia que siempre está buscando una autoridad, que necesita a alguien que le diga lo que tiene que hacer.

Has nacido para conocer la verdad, tienes esa capacidad. Todos los niños son capaces de comunicarse con la existencia, tienen voluntad; sin embargo, nosotros se lo impedimos. Los padres no les permiten tener su propia voluntad. Luego están los profesores, que han sido contratados por los padres y la sociedad. Trabajan al servicio del pasado. El sistema educativo no está a tu servicio, sino al servicio del pasado, no te olvides de esto. Desde la guardería infantil hasta la universidad, los profesores y los maestros están al servicio del pasado, están ahí para que el pasado siga vivo. No están ahí por ti, no están ahí para ayudarte, sino para condicionarte.

Y luego están los sacerdotes y los políticos…, todo el mundo te quiere condicionar. Nadie quiere que seas libre, todos quieren que seas un esclavo, porque, cuanto más esclavo seas, más te podrán explotar. Si les haces caso a los líderes, los sacerdotes y los pedagogos, te prometerán todo tipo de zanahorias, te prometerán recompensas aquí y en la otra vida, y te convertirás, para el resto de su vida, en un humanoide buscando un tirano.

Pero no te pueden obligar. Tienes que ser muy valiente para deshacerte de tu condicionamiento. Tienes que tener muchas agallas.

Cuando empieces a librarte de tus condicionamientos, te darás cuenta de que tienes alas. Esas alas te pueden llevar a la realidad suprema: el vuelo de la soledad a soledad. Pero solo puedes hacerlo cuando seas inocente, cuando no tengas condicionamientos y hayas dejado de identificarte con el pasado.

Este es el primer acto de libertad de tu vida. Dar este paso es la primera mitad del viaje, y la otra mitad es muy fácil y ocurre espontáneamente.

MEDITACIÓN:
VACIARTE

Si notas que tu mente no está tranquila —si la notas tensa, preocupada, que no para de pensar, que está angustiada o soñando constantemente—, puedes hacer una cosa: exhala profundamente. Empieza siempre por la exhalación. Exhala profundamente, todo lo que puedas, echa fuera todo el aire. Al hacerlo estás expulsando también ese estado de ánimo, porque la respiración lo es todo.

Exhala todo el aire que puedas. Contrae el estómago y contén la respiración durante unos instantes, sin inhalar. Después de haber expulsado todo el aire, no inhales durante unos segundos. Luego deja que sea el cuerpo quien inhale. Inhala profundamente, todo lo que puedas. Ahora párate unos segundos. Esta pausa debería ser como la de la exhalación: si has contenido la respiración durante tres segundos al exhalar, ahora también. Expulsa todo el aire y contén la respiración tres segundos; inhala y contén la respiración tres segundos. Es importante que expulses todo el aire. Exhala e inhala totalmente, llevando un ritmo. Contente y luego inhala; contente y luego exhala. Guarda el aire y expúlsalo. Inmediatamente, empezarás a notar un cambio en tu ser. Notarás que tu malestar se ha ido, y que tienes otro estado de ánimo.

Cita del día

La sociedad no tolera la individualidad porque la individualidad no es obediente, como las ovejas. Las ovejas siempre van en un rebaño porque así están más protegidas, más seguras. Solo los leones van solos, y todo el mundo es un león al nacer, pero la sociedad te condiciona y te programa la mente para que seas una oveja.

—Osho

Notas

DÍA 13 MEDITACIÓN Y CONDICIONAMIENTO

DÍA 14
Cómo dejar de juzgar a la gente

La charla de hoy de Osho nos ayuda a entender lo más esencial, que es saber *por qué* juzgas y *cómo* juzgas.

Atestiguar es estar en el momento presente sin pensar, viendo todo como si fueras un espejo; es una alerta pasiva en la que no puede haber juicios, porque el juicio solo existe ante una experiencia o una valoración del pasado. El juicio surge de tus creencias, ideologías y conceptos.

El pensamiento solo surge cuando hay un pasado y lo traes al presente. Es un estado activo en el que tú *haces* algo.

Tenemos que recordar que atestiguar, como una alerta pasiva, no significa juzgar. No tienes que juzgar si «esto es bueno o es malo», porque en el momento que lo haces estás dejando de atestiguar. Cuando dices «esto es bueno» o «esto es malo», ya has dejado de ser un testigo y te has convertido en un juez.

También acuérdate de que no solo cada palabra es un juicio, sino que el lenguaje mismo está cargado de juicios y nunca podrá ser imparcial. En el momento en que empleamos una palabra ya estamos juzgando, y esto nos impide tener una mente abierta.

En la meditación de hoy vamos a aprender qué podemos hacer para que desaparezcan todos los juicios, ¡con una simple técnica de respiración!

VISIÓN DE OSHO

¿Cómo podemos dejar de juzgar a la gente?

No hace falta que dejes de juzgarla, lo que hay que entender es por qué lo haces y cómo lo haces.

Lo único que puedes juzgar es el comportamiento, que es lo que está a la vista, pero no puedes juzgar a nadie, porque la persona que se esconde detrás es un misterio. Puedes juzgar una acción, pero no a un ser.

Y esa acción no tiene relevancia. No se puede juzgar a nadie por una acción. A veces puedes ver a una persona sonriendo. Aunque en la superficie veas una acción, en el fondo esa persona puede estar triste. En realidad está sonriendo porque está triste. No quiere mostrar su tristeza a nadie, ¿por qué mostrar tus heridas a los demás? ¿Para qué? Es humillante. Quizás esté sonriendo simplemente porque en el fondo está llorando.

Lo primero que tienes que entender es que lo único que ves es el comportamiento, que no es muy relevante. Lo verdaderamente importante es la persona que hay detrás. Y, como no la conoces, eso te llevará a emitir un juicio erróneo. Tú mismo sabes que, si alguien te juzga por tus actos, sientes que te están juzgando mal. Tú no te juzgas a ti mismo por tus actos, sino por tu ser. Todo el mundo siente que juzgar es injusto. Sientes que es injusto porque tú tienes acceso a tu ser, y el ser es algo muy grande frente a una acción que es una nimiedad. Una acción no te puede definir, porque es momentánea.

Le has dicho algo a alguien y se ha enfadado, pero no le juzgues por su enfado porque podría tratarse de una reacción repentina. Probablemente sea una persona muy cariñosa, y si le juzgas por ese enfado, te estarás equivocando. Luego, tu comportamiento con esa persona dependerá siempre de este juicio, estarás esperando que se enfade y pensarás que esa persona es muy irritable. Intentarás evitarla. ¡Estarás perdiendo una oportunidad! Nunca juzgues a alguien por sus actos..., pero, al mismo tiempo, es lo único que puedes ver. Entonces, ¿qué puedes hacer? Simplemente, «no juzgar».

Sé cada vez más consciente de la privacidad de cada ser. El ser que hay dentro de cada alma es tan privado que no hay manera de penetrarlo. Tu centro más profundo sigue siendo privado incluso cuando estás enamorado. Es lo que te otorga dignidad como ser humano. A esto nos referimos cuando decimos que el hombre tiene alma. Alma significa algo que nunca puede hacerse público. Hay una parte de ti que siempre está oculta, rodeada de misterio.

Lo único que podemos juzgar es lo que vemos fuera, pero si juzgas lo de fuera, siempre te equivocarás.

Cuando te das cuenta de esto muchas veces, lo entiendes y lo comprendes, ya no tienes que renunciar a los juicios porque desaparecen por sí mismos.

Obsérvalo atentamente. Cada vez que juzgas estás haciendo una tontería porque no concierne a una persona, sino a la acción. Y también estás sacando esta acción de contexto, porque no conoces toda la vida de esa persona. Es como arrancar una página de una novela y juzgar toda la novela por esa página. No es correcto, porque lo estás sacando de contexto. Es posible que la novela sea completamente distinta y solo hayas leído la parte negativa, la peor parte.

No conoces la vida de nadie en su totalidad. Una persona puede haber vivido cuarenta años antes de que tú la conozcas. El contexto de esos cuarenta años está presente, pero tú ves y juzgas a esa persona por una sola etapa, y eso es un error. Es estúpido. No es relevante en lo que se refiere a esa persona.

Tu juicio habla de ti más que de la otra persona. «No juzgues y no serás juzgado» —eso es lo que dijo Jesús. Tu juicio dice algo de ti y no dice nada de la persona a la que has juzgado—, porque no conoces su historia, no conoces su ser.

Se ha perdido todo el contexto, no queda más que una imagen instantánea, y tu interpretación solo será tu interpretación. Solo dirá algo de ti.

Cuando lo ves, desaparecen todos los juicios.

MEDITACIÓN:
TRANSFORMAR LOS JUICIOS

Osho dice:

> *Siempre que quieras cambiar un patrón mental que se haya convertido en una antigua costumbre de la mente, lo mejor que puedes hacer es modificar tu respiración. Todas las costumbres mentales están asociadas a un patrón de respiración. Si cambias ese patrón, la mente cambiará inmediatamente, en un instante. Inténtalo.*

Técnica

Siempre que compruebes que estás juzgando o volviendo a un antiguo patrón, exhala inmediatamente como si expulsaras el juicio con la exhalación. Exhala profundamente y contrae el estómago, y cuando estés expulsando el aire, siente y visualiza que estás expulsando ese juicio.

Luego inspira profundamente dos o tres veces y comprueba lo que ocurre. Notarás una serenidad absoluta; la vieja costumbre no se ha podido apoderar de ti.

Empieza por la exhalación, no por la inhalación; si quieres expulsar algo, empieza exhalando y observa cómo influye inmediatamente en tu mente. Cuando quieras absorber algo, empieza por inhalar.

Solo tienes que hacer esto y verás cómo cambia la mente y llega una brisa nueva. Ya no estás dando vueltas al mismo surco ni repitiendo viejos hábitos. Esto se puede aplicar a cualquier hábito. Por ejemplo, si fumas y tienes ganas de fumar pero no quieres hacerlo, exhala profundamente y expulsa toda la necesidad. Vuelves a tomar aire fresco y verás cómo desaparece ese deseo. Esto puede ser una herramienta muy útil para cambiar internamente. ¡Inténtalo!

Cita del día

Estar sano es que no haya ningún conflicto entre la totalidad y tú, ni siquiera la sombra de un conflicto. Estar completo es estar sano. Estar completo es ser santo. ¿Y cómo puedes ser santo, estar sano y estar completo?
Tu corazón debe latir al mismo ritmo que el corazón de la totalidad. Es un gran baile cósmico. Es pura armonía.

—Osho

Notas

DÍA 14 CÓMO DEJAR DE JUZGAR A LA GENTE

DÍA 15
El arte de escuchar

Actualmente, vivimos en un mundo donde casi todos estamos desbordados por una cacofonía constante de ruidos. De hecho, se trata de contaminación acústica. Esos ruidos generalmente son tan invasivos que ni siquiera los oímos, tanto si es el ruido del tráfico como la música enlatada de un ascensor.

Osho suele hablar de «escuchar», en contraposición a «oír». Esto último, señala, es somático y pasivo, mientras que la verdadera *escucha* requiere estar presente y atento.

El programa de hoy trata del arte de escuchar y explorará la dimensión auditiva de la meditación. Osho hablará sobre el arte de escuchar, y la técnica de meditación empleará el sonido como un método para estar más atentos.

VISIÓN DE OSHO

El objeto es irrelevante. Solo es relevante la subjetividad. Puedes tener la misma experiencia escuchándome a mí, escuchando a un músico tocar la flauta, escuchando los pájaros por la mañana o el ruido del agua sentado junto a una cascada. No es algo que te ocurra por lo que estás escuchando, sino por el hecho mismo de escuchar. Escuchar te permite estar en silencio; cuando escuchas atentamente, desapareces. El arte consiste en aprender a escuchar.

Cuando aprendes a escuchar de una forma profundamente receptiva y sensible, tú desapareces. El que escucha ya no está ahí y solo queda la escucha. Y cuando desaparece el que escucha ya no hay un ego, no hay nadie que escuche, solo queda la acción de escuchar. Entonces, esta acción penetra hasta el fondo de tu ser.

Si me escuchas con la mente, no lo captarás. Si escuchas una cascada sin que se interponga la mente, lo captarás. No tiene que ver conmigo, sino contigo, con el que escucha. Lo que estoy diciendo es irrelevante, no importa quién lo está diciendo. Lo que importa es: ¿estás rodeado de un profundo silencio? ¿Has dejado de existir en ese momento? ¿Te has dado cuenta de que, de repente, no existes, de que eres un vacío profundo que late lleno de vida, lleno pero vacío, un silencio inmenso en el que no interfiere ningún pensamiento? Solo así podrás alcanzar un plano en el que descubras la verdad.

Intenta ser el que escucha. No basta con oír. Puedes oír, pero para escuchar hay que ser muy disciplinado. Es la mayor disciplina que hay. Si escuchas ya te habrás liberado, porque, de repente, en esa escucha te encuentras a ti mismo.

Es una paradoja. Como estoy diciendo, desapareces, y al desaparecer, te encuentras. Estás vacío, y en ese vacío surge la plenitud, la totalidad. No hay ningún pensamiento. Y entonces se produce la comprensión y el amor fluye como la respiración, entra y sale, entra y sale. Empiezas a compartir tu ser con la existencia que te rodea. La parte ya no está separada, sino que late con el todo. Te alineas con la totalidad, ya no estás desacompasado. Surge una armonía: la música celestial, la música de las estrellas.

Ahora, de repente, estás abierto. Dios fluye hacia ti desde todas las dimensiones. Pero lo importante es aprender a estar receptivo y en silencio.

Siéntate y escucha cómo pasa la brisa entre los pinos…, todo depende de tu escucha. Lo que importa es la cualidad de tu escucha, y no lo que estés escuchando.

MEDITACIÓN:
ENCUENTRA TU CENTRO CUANDO ESTÉS RODEADO DE RUIDO

La meditación de hoy emplea el sonido para tomar conciencia del espacio silencioso y tranquilo que hay en tu centro.

Estés donde estés ahora mismo, estás rodeado de ruidos. Verás que siempre hay ruidos. En tu trabajo, en el camino a tu empleo…, vayas donde vayas, siempre oyes ruidos… ruidos producidos por la naturaleza, por los humanos o por las máquinas.

Con el sonido ocurre algo muy particular, porque, siempre que hay sonidos, *el centro eres tú*. Todos los sonidos *van hacia ti* desde todas las direcciones, desde todas las partes. Estés donde estés, el centro del sonido siempre eres tú.

Técnica

Cierra los ojos…, como si todo el universo estuviese lleno de sonidos.

Siente como si todos los sonidos fuesen hacia ti y tú fueses el centro.

El universo es la circunferencia, lo exterior, y tú eres el centro, lo interior, y todo se acerca hacia ti, cae hacia ti…, como el sonido incesante de una cascada.

Cuando estés sentado junto a una cascada, cierra los ojos para sentir cómo te llega el sonido y cómo te rodea desde todos los ángulos, cómo llega de todas partes y crea un centro en tu interior. Intenta hacerlo en un mercado; el mercado es un sitio idóneo porque está lleno de sonidos y ruidos variopintos.

No te pongas a *pensar en* los sonidos: «este sonido es bueno o este es malo, este molesta o ese es bonito y armonioso». Al contrario, sigue en contacto con tu centro. No pienses en el sonido que se aproxima hacia ti, no pienses si es bueno, malo o maravilloso.

Simplemente recuerda que tú eres el centro y que todos los sonidos, sea el que sea, se aproximan a ti.

Relájate y deja que todo te llegue. Ahora estarás más relajado, más esponjoso, más abierto...

Muévete ahora con los sonidos y lleva tu atención al centro donde los oyes.

Si puedes llegar al centro donde oyes todos los sonidos, se producirá, de pronto, una transferencia de conciencia. En un momento oirás todo el mundo lleno de sonidos, y en el momento siguiente tu conciencia se volverá hacia dentro y oirás la ausencia de sonido, el centro de la vida.

Una vez que hayas oído la ausencia de sonido no habrá ningún sonido que pueda molestarte. Y aunque se aproxime a ti, no te alcanzará. Siempre estará yendo hacia ti, pero no llegará.

Hay un punto donde no entra ningún sonido.

Ese punto eres tú.

Cuando hayas saboreado un poco esta técnica, podrás hacerla por tu cuenta siempre que quieras.

Cita del día

No hace falta construir grandes catedrales y templos. Para el que tiene ojos, este vasto cielo estrellado y esta hermosa tierra serán su mayor templo. Toda la existencia es un lugar sagrado.

—Osho

Notas

DÍA 15 EL ARTE DE ESCUCHAR

DÍA 16
Relajarte a través de la atención

Una de las palabras clave de la propuesta de Osho es *comprensión*. Aunque intentemos relajarnos viendo la televisión, tomando una copa o saliendo de vacaciones, en el pasaje de hoy Osho nos ayuda a entender, por el contrario, que somos nosotros mismos los que creamos nuestras tensiones y preocupaciones.

¿Por qué no podemos dominar el cuerpo y la mente y relajarnos sin ayuda externa? Osho nos acompaña, paso a paso, para entender cómo funciona la relajación desde fuera hacia dentro.

La meditación de hoy nos enseña a dejar a un lado la necesidad de controlar —una de las principales fuentes de tensión—, y a «dejarnos llevar».

VISIÓN DE OSHO

¿Podrías hablarnos un poco más sobre la relajación? Soy consciente de que en el fondo de mi ser hay tensión, y sospecho que seguramente nunca he estado completamente relajado.

La relajación total es la mejor experiencia.

Ahora mismo no puedes relajarte completamente porque en lo más profundo de tu ser sigue habiendo tensión.

Empieza a relajarte. Empieza por la circunferencia exterior, que es donde estamos, ya que solo podemos empezar desde donde estamos. Relaja la circunferencia exterior de tu ser, tu cuerpo, tu comportamiento y tus actos. Camina de una forma relajada, come de una forma relajada, habla y escucha de una forma relajada. Reduce la velocidad en cualquier proceso. No tengas prisa, no te precipites. Muévete como si tuvieras toda la eternidad.

De hecho, no hay un principio ni un final. Siempre hemos estado aquí y siempre estaremos aquí. Las formas van cambiando, pero la sustancia no; la ropa cambia, pero el alma no.

La tensión significa prisa, miedo, duda. La tensión es un esfuerzo constante por proteger, por estar seguro, por estar a salvo. La tensión significa que hoy te estás preparando para mañana o para el más allá, tienes miedo de no poder afrontar la realidad mañana y por eso te preparas. La tensión es el pasado que realmente no has vivido, pero has intentado evitar; es algo que se ha quedado colgado, es un vestigio que te está rodeando.

Tienes que recordar algo fundamental en la vida, y es que cualquier experiencia que no hayas vivido se quedará dando vueltas, perdurará: «¡Termíname! ¡Víveme! ¡Complétame!»

Para relajarte tienes que partir de la circunferencia exterior. El primer paso es relajar el cuerpo. Siempre que puedas, acuérdate de detenerte a observar el cuerpo para ver si hay tensión en algún sitio: en el cuello, en la cabeza, en las piernas. Relaja esa tensión conscientemente. Ve a esa parte del cuerpo; cierra los ojos, ve a esa parte del cuerpo y convéncela, dile cariñosamente: «Relájate».

Y te sorprenderá, porque cuando te acercas a una parte de tu cuerpo con cariño, te escucha y te hace caso..., es tu cuerpo. Entra en tu cuerpo con los ojos cerrados y ve de los pies a la cabeza buscando algún lugar donde haya tensión. Luego háblale a esa parte como si le hablaras a un amigo; permite que haya un diálogo con tu cuerpo. Dile que se relaje y dile: «No te preocupes, no tengas miedo, yo estoy aquí para cuidarte, te puedes relajar». Poco a poco, aprenderás a hacerlo, y el cuerpo se relajará.

Luego da otro paso un poco más profundo: dile a tu mente que se relaje. Si el cuerpo te ha escuchado, la mente también lo hará, pero no puedes empezar por la mente porque hay que empezar por el principio. No puedes empezar por la mitad. Cuando alguien empieza por la mente, fracasa, porque ha empezado por el sitio equivocado. Siempre hay que hacer las cosas respetando un orden.

Si eres capaz de relajar voluntariamente el cuerpo, también podrás relajar la mente. La mente es una cuestión un poco más compleja. Cuando estés seguro de que tu cuerpo te escucha, tendrás más confianza en ti mismo. Ahora la mente también te hará caso. Tarda un poco más, pero al final lo hace.

Cuando tu mente se haya relajado, empieza a relajar el corazón, el mundo de tus sentimientos y emociones, que es mucho más complejo y sutil. Ahora lo puedes hacer con confianza, con mucha confianza en ti mismo, porque sabes que es posible. Si es posible hacerlo con el cuerpo y la mente, también podrás hacerlo con el corazón. El cuarto paso solo lo podrás dar después de haber dado los tres primeros. Ahora podrás ir hasta el centro de tu ser, que está más allá del cuerpo, la mente y el corazón —es el mismo centro de tu existencia—, y también serás capaz de relajarlo.

Esa relajación te producirá la mayor felicidad que hayas sentido nunca, el éxtasis supremo, la aceptación. Estarás lleno de dicha y de júbilo. Entonces la vida será como un baile.

MEDITACIÓN:
APRENDE A DEJARTE LLEVAR

Esta meditación se debe hacer preferiblemente por la noche.

Técnica

Túmbate en la cama… y, antes de que te entre el sueño, empieza a observar.

Con los ojos cerrados, lleva tu conciencia a la planta de los pies y, poco a poco, empieza a recorrer todo tu cuerpo buscando alguna tensión. Cuando la notes, detente y espera a que el cuerpo y la respiración relajen esa tensión hasta que desaparezca.

Sigue escaneando el cuerpo desde los pies hasta los muslos y después hasta las nalgas, liberando cualquier tensión que encuentres.

Cuando notes tensión en alguna parte del cuerpo, asegúrate de estar presente con tu atención hasta que veas que el cuerpo se relaja.

Luego lleva tu atención al vientre y relájalo. A medida que vayas subiendo, relaja el pecho y los hombros.

Ahora relaja el cuello. Después lleva tu atención a los músculos de la cara y la mandíbula, y relájate.

Ahora lleva tu atención a las manos. Las manos están conectadas con la mente. Busca si hay tensión ahí, y cuando se relajen, se relajará la mente. Siente el peso de tus manos, el peso de cada dedo...

Cuando el cuerpo está relajado, la mente se relaja. El cuerpo solo es una extensión de la mente. La llave de la relajación y de dejarse llevar está en comprender esta dinámica cuerpo-mente.

Cita del día

Solo vivimos momento a momento, de modo que,
para vivir correctamente, lo único que hay que
hacer es vivir correctamente cada momento.
No te preocupes por el resto de la vida.
Si te ocupas de este momento presente,
ya te habrás ocupado del resto de tu vida;
lo demás estará bajo control.

—Osho

Notas

DÍA 16 RELAJARTE A TRAVÉS DE LA ATENCIÓN

DÍA 17
Aceptar todas tus partes

El programa de hoy es acerca del perjuicio que nos causamos cuando juzgamos nuestros sentimientos, pensamientos y acciones, porque nos fragmentamos en muchas partes, y hay algunas que nos parecen deseables, mientras que hay otras que clasificamos como «malas» o mejorables.

Osho recalca que podemos aceptar todas esas partes e integrarlas, lo bueno y lo malo, la luz y la oscuridad, lo alto y lo bajo.

En la meditación de hoy aprenderemos a ver «todo lo que hay» de otra manera, y practicaremos mirando los objetos exteriores de otra forma, con una «totalidad» nunca vista.

VISIÓN DE OSHO

¿Me podrías hablar sobre la aceptación y de cómo aprender a aceptar? Siento que hay una parte de mí que no quiere aceptar. Me gustaría saber cuál es esa parte tan estúpida de mí. ¿Hay alguna forma de verla con más claridad?

Lo primero que hay que entender es qué significa la aceptación. «¿Me podrías hablar sobre la aceptación y de cómo aprender a aceptar? Siento que hay una parte de mí que no quiere aceptar», dices. Acepta también esa parte o, de lo contrario, eso querrá decir que no lo has entendido. Hay una parte de ti que siempre rechaza. Acepta también esa parte que rechaza o, de lo contrario, no lo habrás entendido. Intenta no rechazar esa parte, acéptala. En eso consiste la aceptación total. Tienes que aceptar también esa parte que rechaza.

«Me gustaría saber cuál es esa parte de mí tan estúpida», dices. En el momento que la llamas estúpida, la estás rechazando. ¿Por qué dices que es estúpida? ¿Quién eres tú para decir que es estúpida? Forma parte de ti, ¿por qué te estás dividiendo? Tú eres un todo. Tienes que olvidarte de todos esos trucos que has aprendido sobre la división. Has aprendido a dividirte en la parte divina y la parte diabólica, lo bueno y lo malo, lo alto y lo bajo.

Olvídate de todas esas divisiones. En eso consiste la aceptación. Si tienes algo, lo tienes, ¿por qué llamarlo estúpido? ¿Quién eres tú para decirlo? No, en el propio hecho de decir que esa parte es estúpida la estás rechazando, la estás negando.

Aceptación significa que no se trata de negar, sino de aceptar, sea lo que sea, y de repente se producirá una transformación en tu ser. No digas que es estúpido, no insultes ni te dividas, porque eso es lo que permite que el ego siga existiendo. Es el ego quien dice que la otra parte es estúpida. El ego siempre es inteligente, comprensivo, superior..., por eso siempre está rechazando algo. El ego te enseña a rechazar tu cuerpo, porque el cuerpo es material y tú eres espiritual; el ego te enseña a rechazar muchas cosas.

Esto es algo que se ha estado haciendo desde hace muchos siglos. Sin embargo, los religiosos que lo han hecho continuamente no han llegado a ninguna parte. De hecho, han vuelto esquizofrénica a toda la humanidad. Han dividido a todas las personas en partes. Por dentro estás lleno de compartimentos; hay cosas «buenas» y hay cosas «malas»: el amor es bueno y el odio es malo, la compasión es buena y la ira es mala.

Cuando te digo que aceptes, me refiero a aceptarlo todo y a olvidarte de todos los compartimentos. Sé uno y todo estará bien. La ira también tiene su justificación, y también necesitamos el odio. En realidad, todo lo que tienes es necesario; quizá simplemente haya que distribuirlo de otra manera, pero no hay que negar nada ni rechazarlo, y no digas que hay una parte de ti que es estúpida.

«¿Hay alguna forma de ver esa parte con más claridad?», preguntas. ¿Por qué? ¿No puedes aceptar que haya algo escondido dentro de ti? ¿No puedes aceptar que haya algo oscuro? Tú también eres como el día y la noche; hay cosas que están a la luz y otras en la oscuridad. Es inevitable, de lo contrario solo estarías en la superficie y no tendrías profundidad.

La profundidad tiene que estar en la oscuridad. Si un árbol dijera: «Me gustaría poder sacar mis raíces para saber cómo son» se moriría, porque las raíces solo pueden estar en la oscuridad más profunda, escondidas debajo de la tierra. No hace falta sacarlas. Si lo haces, el árbol morirá. Tiene que haber una parte oscura del mismo modo que hay una parte con luz.

No llames «estúpida» a ninguna parte de tu ser.

No te enfrentes. Permite que ocurran las cosas. Eso es aceptar..., es dejarse llevar. Vivir como si tú no estuvieses ahí. Vives, haces cosas, pero de una forma natural, espontánea. Las cosas ocurren solas. Si te apetece hacer algo, lo haces; si no te apetece, no lo haces. Poco a poco, te vas sintonizando con la naturaleza y te vuelves cada vez más natural.

MEDITACIÓN:
MIRAR UN OBJETO COMO UN TODO

Normalmente solo nos fijamos en las partes, clasificándolas y juzgándolas. Cuando vemos a una persona, por ejemplo, primero nos fijamos en la cara, luego en el pelo o en el torso. Una persona está «flaca» y la otra está «gorda». Una cara nos puede parecer cordial y acogedora, enfadada o distante.

Esta meditación se ha tomado de un antiguo texto que se conoce como el *Vigyan Bhairav Tantra*, y se describe con detalle en *El libro de los secretos* de Osho. Ha sido concebida para ayudarnos a dejar a un lado la costumbre de dividir y clasificar a todos los objetos y las personas, y para experimentarnos a nosotros mismos y a los demás en nuestra forma original, que siempre es completa.

Técnica

Primera fase: fíjate en un cuenco sin ver los bordes ni el material del que está hecho.

Esta técnica nos sugiere que usemos un cuenco, pero nos puede servir cualquier objeto. Se trata de descubrir otra forma de mirar distinta.

Inténtalo. Primero mira un objeto, por ejemplo, un cuenco, moviéndote de una parte del cuenco a otra con la mirada. Luego míralo como un todo, sin dividirlo. Lo primero que descubrirás es que, cuando miras el objeto como un todo, los ojos no se tienen que mover. La segunda parte consiste en mirar «sin fijarte en el material del que está hecho». Si es un cuenco de madera, no intentes clasificar ni especificar de qué madera está hecho. Simplemente obsérvalo, observa el objeto, observa su forma sin pensar en la materia de que está hecho.

¿Por qué? Porque la materia es la parte material y la forma es la parte espiritual, y esta técnica sirve para ir de lo material a lo inmaterial. El objeto podría ser de oro o de plata, pero tú, simplemente, obsérvalo. Una forma es una forma, no puedes pensar en ella. Si está hecha de oro, puedes pensar muchas cosas. Tiene un valor, alguien podría robártela, o podrías venderla si necesitas dinero. Y entonces empiezas a pensar en el precio…, puedes pensar en muchísimas cosas.

Prueba a hacerlo con un objeto, y cuando hayas aprendido a hacerlo, lo podrás hacer con una persona. Hay un hombre o una mujer de pie: fíjate, capta a ese hombre o a esa mujer con tu mirada, abárcalos con tu mirada. Al principio tendrás una sensación extraña porque no estás acostumbrado a mirar a los demás así. No pienses en su cuerpo, si es bonito o feo, si es blanco o negro, si es hombre o mujer. No pienses; simplemente fíjate en la forma. Olvídate de la materia y solo mira la forma.

SEGUNDA ETAPA: *Dentro de unos instantes, sé consciente.*

Sigue mirando esa forma como un todo. No dejes que tus ojos se muevan. No te pongas a pensar en la materia de que está hecho, ni en las partes individuales. ¿Qué pasará? De repente, serás consciente de tu ser. Mirando algo, serás consciente de tu ser. ¿Por qué? Porque los ojos no se pueden mover hacia fuera. Has tomado la forma como un todo y no puedes moverte a las partes. Has renunciado a la materia y solo queda la forma pura. No tienes posibilidades de cambiar de una parte a otra porque lo estás viendo como un todo. Una forma es una forma pura. No se puede pensar en ella.

Sigue con el todo y con la forma y de repente serás consciente de tu propio ser, porque ahora los ojos no pueden moverse. Necesitan moverse, porque esa es su naturaleza. De modo que la mirada se dirigirá hacia ti. Volverá hacia ti, volverá a casa, y de repente serás consciente de tu propio ser. Ser consciente de tu propio ser es uno de los momentos más extáticos que pueda haber. La primera vez que tomas conciencia de tu ser, es tan grande la belleza y la felicidad de ese momento que no puedes compararlo con nada que conozcas. En realidad, te *conviertes* en ti por primera vez; sabes quién *eres* por primera vez. Tu ser se ha revelado en un instante.

Cita del día

Confiar no significa que todo vaya a ir bien en el futuro. Confiar significa que todo va bien en el presente. La confianza no conoce el futuro, solo conoce el presente. En cuanto piensas en el futuro, ya es desconfianza.

—Osho

Notas

DÍA 17 ACEPTAR TODAS TUS PARTES

DÍA 18
Sexo, amor y meditación

Osho dice que el sexo es un fenómeno biológico sencillo y que no habría que darle tanta importancia, ya que solo es relevante porque se trata de una energía que se puede elevar a planos superiores y que puede convertirse en espiritual. La manera de que sea más espiritual, según dice, es quitarle seriedad a esta cuestión.

El sexo es un asunto delicado y complejo, y la propia palabra está muy cargada por nuestro condicionamiento religioso y cultural. Sin embargo, la vida misma surge del sexo. El sexo impregna todos los aspectos de nuestra vida.

Osho dijo: «El sexo seguirá existiendo de una forma u otra hasta que no te sintonices con algo que esté más allá de la mente. Y, puesto que es así, es preferible que siga siendo natural, biológico...

»La lujuria es la energía sexual en su forma inferior; el amor es su forma más elevada. Mientras no conviertas la lujuria en amor, no estarás logrando tu objetivo...

»El sexo es maravilloso. El sexo en sí es un fenómeno natural y rítmico. La vida existe gracias al sexo, el sexo es su vehículo. Si entiendes la vida, si amas la vida, sabrás que el sexo es sagrado, es santo. Entonces lo vivirás y lo disfrutarás, y desaparecerá espontáneamente de la misma forma que llegó.»

VISIÓN DE OSHO

El ser humano tiene tres planos: el cuerpo, la mente y el alma. Todo lo que hagas, lo puedes hacer de tres maneras. Puede ser simplemente físico, puede ser mental o puede ser del alma. Todo lo que hagas, cualquier acción, puede tener tres cualidades. El sexo es el amor a través del cuerpo; el amor romántico es sexo a través de la mente; la compasión es a través del alma. Pero siempre es la misma energía.

Aunque siga siendo la misma energía, cuando va a un nivel más profundo cambia su naturaleza.

Si solo vives tu vida amorosa a través del cuerpo, tu vida amorosa será muy pobre, porque la vivirás muy superficialmente. El sexo que solo es físico ni siquiera se puede llamar sexo, y se convierte en sexualidad. Se vuelve pornográfico, se vuelve un poco obsceno, un poco brutal, horrible, porque no tiene profundidad. Solo es una descarga de energía. Te puede ayudar a estar menos tenso, pero estás perdiendo mucha energía para poder estar un poco más relajado, y esa energía es preciosa.

Si la puedes convertir en amor, no la perderás. Con ese mismo acto la estarás aprovechando. A un nivel físico solo hay pérdida, el sexo es una pérdida de energía. El sexo es la válvula de escape del cuerpo; cuando hay demasiada energía y no sabes qué hacer con ella, la expulsas. Te relajas porque te has quedado sin energía. Sientes un cierto descanso porque has expulsado una energía que te provoca nerviosismo, pero serás más pobre que antes, estarás más vacío que antes.

Esto se repite una y otra vez. Tu vida se convierte en un ciclo en el que acumulas energía a través de la comida, la respiración y el ejercicio, para luego expulsarla. Es absurdo. Primero comes, haces ejercicio, acumulas energía y luego no sabes qué hacer con ella, y la expulsas. No tiene sentido. Por eso, el sexo deja de tener sentido muy pronto. Una persona que solo haya conocido el sexo físico y no haya conocido la dimensión más profunda del amor se volverá mecánica. Su sexo consistirá en repetir lo mismo una y otra vez.

Esto es lo que ocurre actualmente en Occidente. La gente quiere ir más allá del sexo, pero no va hacia el amor o la compasión, porque ese más allá está en el interior; la gente va más allá del sexo de una forma negativa. El sexo se está volviendo absurdo. Está agotado. La gente busca algo más. De ahí que se hayan vuelto tan importantes las drogas. El sexo está acabado, era la droga más antigua, era el LSD natural. Ahora está agotado y la gente no sabe qué hacer. La droga natural no le atrae, ya se ha cansado. Las sustancias químicas como el LSD, la marihuana, la psilocibina y otras cosas están adquiriendo más importancia.

En Occidente ahora es imposible impedir que la gente tome drogas. Mientras el sexo no se vuelva más profundo y se transforme en amor, será imposible, y es inevitable que la gente quiera ir hacia las drogas. Lo tendrá que hacer aunque sea reacia a ellas, porque la antigua droga del sexo se ha acabado. No es porque no fuera útil, sino porque solo ha sabido vivirlo a un nivel superficial. Nunca se ha adentrado en sus misterios.

La gente, a lo sumo, sabe lo que es amor romántico, aunque eso tampoco es amor, sino sexo reprimido. Cuando el contacto sexual no es posible, la energía reprimida se convierte en un idilio. Entonces la energía reprimida se vuelve cerebral, se va a la cabeza. Cuando el sexo va de los órganos genitales a la cabeza, se convierte en un idilio. El amor romántico no es realmente amor, es mentira, es una falsa moneda. Es el mismo sexo, pero no has tenido la oportunidad de practicarlo.

Antiguamente no era tan fácil tener relaciones sexuales, por eso se vivía más el amor romántico. Era muy difícil porque la sociedad ponía muchas trabas, era tan difícil que la gente se tenía que reprimir. Esa energía reprimida se subía a la cabeza y se convertía en poesía, pintura e idilio; y soñaba, tenía sueños maravillosos.

En Occidente esto ha desaparecido porque el sexo es fácil de conseguir. Se ha producido una gran revolución en Occidente gracias a Freud. Esta revolución ha eliminado todas las barreras, inhibiciones y represiones del sexo. Se puede acceder fácilmente al sexo, no es complicado.

De hecho, se ha vuelto tan fácil de conseguir, y tienes más del que necesitas, que se ha convertido en un problema. El amor romántico ha desaparecido. Ahora en Occidente no se escribe poesía romántica. ¿Quién va a escribirla? El sexo es tan fácil de conseguir en cualquier sitio que nadie piensa en ello. No hace falta pensar en ello.

El amor romántico es la otra cara del sexo físico, la cara reprimida. No es amor. Ambas cosas son patológicas. Lo que denominas sexo o sexualidad y amor romántico son estados patológicos. Cuando el cuerpo y la mente se encuentran, hay amor. El amor es sano. La sexualidad solo está en el cuerpo; el amor romántico solo está en la cabeza. Las dos cosas son parciales.

En el amor, el cuerpo y la mente se encuentran; te conviertes en una unidad, estás más unido. Amas a esa persona y el sexo es una consecuencia, y no viceversa. Amas tanto a esa persona y vuestras energías se encuentran a un nivel tan profundo, te sientes tan a gusto con ella, su presencia te satisface tanto…, que te completa. El amor surge como una consecuencia de esto.

El centro no es el sexo, sino el amor; el sexo pasa a ser periférico. Sí, a veces también te apetece encontrarte en el plano sexual, pero no estás anhelante. No es una obsesión, sino que quieres compartir esa energía. Lo más esencial es lo profundo. La periferia está bien. Lo periférico está bien cuando hay un centro, pero si no hay un centro se convierte en sexualidad. Cuando no hay una periferia y solo hay un centro, es un amor romántico. Y cuando la periferia y el centro están unidos, hay unidad de cuerpo y mente. No es que desees el cuerpo del otro, sino que deseas el ser del otro, y entonces surge el amor. El amor es sano.

La sexualidad y el amor romántico son patológicos, no son sanos. Son una especie de neurosis porque provocan una división. El amor es armonía. No solo amas el cuerpo del otro, sino que amas su ser, su presencia. No utilizas al otro como un medio para descargarte. Amas a esa persona. Él o ella no son un medio, sino un fin en sí mismos. El amor es sano.

Todavía hay algo más profundo que yo denomino compasión. Cuando se encuentran el cuerpo, la mente y el alma, te conviertes en una gran unidad. Te conviertes en la trinidad. Te conviertes en *trimurti*. Se encuentra todo lo que hay dentro de ti, desde lo más superficial hasta lo más profundo. Tu alma también forma parte de tu amor. Por supuesto, la compasión solo existe cuando hay meditación profunda.

La sexualidad es posible aunque no haya entendimiento, aunque no haya meditación. El amor solo es posible si hay entendimiento. La compasión solo es posible si hay entendimiento y meditación, entendimiento y conciencia. No es solo que entiendas y respetes al otro, sino que tienes que llegar a la capa más profunda de tu ser. Cuando veas tu capa más profunda, también serás capaz de ver la del otro. El otro deja de existir como cuerpo o mente y existe como alma. Y las almas no están separadas. Tu alma y la mía son una.

La tercera etapa es la que denomino sagrada porque consiste en el todo. Solo es posible hacerlo con un esfuerzo personal. La meditación te llevará a la compasión. Buda dijo: si meditas, la compasión surgirá automáticamente.

MEDITACIÓN: TRANSFORMAR LA ENERGÍA SEXUAL

Cada cosa a su tiempo, dice Osho. «Cada cosa se debe hacer en su momento. No tengas miedo de amar mientras seas joven. Si tienes miedo al amor cuando todavía eres joven, cuando seas viejo se convertirá en una obsesión; entonces será mucho más difícil que te enamores profundamente, y tu mente se obsesionará.»

También señala que «el sexo es química; libera determinadas hormonas en tu cuerpo. Te proporciona una cierta euforia que es ilusoria. Hace que te sientas en el séptimo cielo durante unos instantes».

Y luego advierte: «Si solo te limitas al sexo, estás derrochando tu energía. Poco a poco te quedarás sin ella y serás como un caparazón hueco».

Técnica

Cuando surja el deseo sexual, cierra los ojos para meditar. Baja hacia tu centro sexual, donde sientes la excitación, la vibración, la sensación. Quédate ahí y obsérvalo en silencio. Sé un testigo pero no lo juzgues. En cuanto lo haces, te estás alejando. Y tampoco lo disfrutes, porque, en el momento que lo haces, dejas de ser consciente. Simplemente, permanece atento, alerta, como una lámpara encendida por la noche. Lleva tu conciencia ahí, imperturbable, inquebrantable. Observa lo que ocurre en el centro sexual. ¿Qué es esa energía?

Simplemente observa el hecho de que surge una energía cerca del centro sexual. Hay una excitación, obsérvala. Sentirás un tipo de energía completamente nuevo, y notarás que va hacia arriba. Está buscando un camino en tu interior. En cuanto empiece a subir, te sentirás embargado por una serenidad, un silencio, una gracia, una beatitud, una dicha; sentirás que estás rodeado de bendición. Ya no es como una espina, no duele. Ya no es doloroso; ahora es tranquilizador, es como un bálsamo. Y cuanto más atento estés, más se podrá elevar. Puede elevarse hasta el corazón, y no es tan difícil; es difícil, pero no tanto. Si estás atento, verás cómo llega al corazón. Cuando lo haga, sabrás por primera vez lo que es el amor.

Cita del día

Cuando estás haciendo el amor, ¿realmente está
tu mujer ahí? ¿Realmente está tu hombre ahí?
¿O es simplemente un ritual, algo que tienes que
hacer, una obligación que tienes que cumplir?
Si lo que quieres es una relación armoniosa…,
tendrás que aprender a ser más meditativo.
No basta con que haya amor. El amor es ciego,
y la meditación le abre los ojos. La meditación le
da entendimiento. Cuando tu amor sea a la vez
amor y meditación, os volveréis compañeros
de viaje. Ya no será una relación de pareja
cualquiera… Se convertirá en una amistad
en el camino del descubrimiento de los misterios
de la vida.

—Osho

Notas

DÍA 18 SEXO, AMOR Y MEDITACIÓN

DÍA 19
Vivir con alegría

«La búsqueda de la felicidad», dice Osho, «según establece la constitución de Estados Unidos, es un derecho fundamental. Dice que la búsqueda de la felicidad es un derecho natural del ser humano. Si es un derecho natural de la humanidad, ¿qué es la infelicidad? ¿A quién le pertenece ese derecho natural? Si buscas la felicidad, aunque no lo sepas, también estás buscando la infelicidad; da igual, porque es la otra cara de la moneda».

Osho nos habla aquí de otra dimensión, de la dimensión espiritual de la felicidad, que es lo que él denomina alegría. La alegría no depende de lo que ocurra fuera, sino que es una característica interna que hay que descubrir.

Después de la meditación de hoy, pondremos en práctica una técnica para abrir conscientemente un espacio a la alegría que nos reconecte con nuestra capacidad intrínseca de experimentarla. Esta meditación se basa en la técnica que ofrecimos el Día 17, y la lleva más allá.

VISIÓN DE OSHO

Alegría no es lo mismo que felicidad, porque la felicidad siempre está mezclada con la infelicidad. Nunca se encuentra en estado puro, está contaminada. Siempre está ensombrecida por la tristeza. Del mismo modo que la noche sucede al día, la infelicidad sucede a la felicidad.

Entonces, ¿qué es la alegría? La alegría es un estado trascendental. No eres feliz ni infeliz, estás absolutamente en paz, tranquilo, en equilibrio absoluto; tan en silencio y tan vivo que ese silencio es una canción, y esa canción no es más que tu silencio. La alegría es para siempre, la felicidad es momentánea. La felicidad la provoca algo externo y, por lo tanto, te la puede quitar algo externo. Dependes de los demás para ser feliz, y la dependencia es algo horrible, la dependencia es una esclavitud.

La alegría surge de dentro; no tiene nada que ver con el exterior. No la provocan los demás. No tiene una causa, es el ritmo natural de tu propia energía.

Cuando tu energía está estancada, no hay alegría. Cuando tu energía fluye, se convierte en un movimiento, en un río; sientes mucha alegría sin que haya ningún motivo, simplemente por estar más fluido, por fluir más, por estar más vivo. En tu corazón nace una canción, surge un inmenso éxtasis.

Cuando esto ocurre te sorprendes porque no ha sido provocado por nada. Es la experiencia más misteriosa de la vida; es algo que no tiene causa, está más allá de la ley de causa y efecto. No necesita una causa porque es tu propia naturaleza intrínseca, has nacido con ello. Es innato, eres tú siendo total, fluyendo.

Siempre que fluyes, vas hacia el mar. De ahí la alegría: es el baile del río moviéndose hacia el mar para encontrarse con su amado supremo. Cuando tu vida es una laguna estancada, te estás muriendo. No vas hacia ningún sitio, no vas a un mar, no hay esperanza. Pero cuando fluyes, el mar está cada vez más cerca, y cuanto más cerca está mayor es el baile, mayor es el éxtasis.

Vive con alegría…. Vive tu naturaleza más intrínseca, aceptando totalmente lo que seas. No te amoldes a lo que quieran los demás. Sé simplemente tú mismo, tu verdadera naturaleza, y la alegría tendrá que surgir porque está contenida en tu interior.

Vive con alegría, vive con amor… Cuando alguien vive con alegría, también vive con amor. El amor es el aroma que destila la flor de la alegría.

MEDITACIÓN:
DEJA UN ESPACIO PARA LA ALEGRÍA

Conocerse a uno mismo es muy sencillo. No es difícil, no puede serlo, pero hay que desaprender algunas cosas. Para saber quién eres no tienes que aprender nada, solo tienes que *desaprender* ciertas cosas.

Primero: tienes que desaprender a permitir que las cosas te afecten.

Segundo: tienes que desaprender a permitir que los pensamientos te afecten.

Lo tercero ocurre de forma espontánea: es atestiguar.

Técnica

PRIMERA ETAPA: primero empieza a observar las cosas. Siéntate en silencio, fíjate en un árbol y, simplemente, obsérvalo. No pienses en él ni digas «¿qué tipo de árbol es?» No digas si es bonito o es feo. No digas si está «verde» o está «seco». No dejes que haya ningún pensamiento acerca del árbol y, simplemente, sigue mirándolo.

Puedes hacerlo en cualquier sitio y observando un objeto cualquiera. Pero tienes que acordarte de una cosa: que cada vez que haya un pensamiento, lo tienes que apartar. Apártalo y sigue mirando lo que estés mirando.

Al principio te costará más, pero, al cabo de un tiempo, habrá intervalos en los que no tengas ningún pensamiento. Esta experiencia te producirá una gran alegría. No ha ocurrido nada pero, simplemente, no ha habido pensamientos. El árbol sigue ahí, tú sigues ahí, y hay un espacio entre los dos. No es un espacio repleto de pensamientos. Sin saber por qué, sin motivo alguno, de repente sientes una gran alegría. Esta alegría es una consecuencia de la ausencia de pensamientos. La alegría ya estaba ahí, pero estaba escondida debajo de una pila de pensamientos, y sale a la luz cuando no hay pensamientos.

Has aprendido el primer secreto.

LA SEGUNDA ETAPA: ahora cierra los ojos y observa cualquier pensamiento que surja sin pensar en él. En la pantalla de tu mente puede aparecer un rostro o una nube moviéndose, o cualquier otra cosa; obsérvalo sin pensar.

Este paso es un poco más difícil que el primero porque los pensamientos son muy sutiles, pero solo necesitas tiempo: si has podido dar el primer paso, también podrás dar este. Puede ocurrirte en pocos meses o puede tardar años..., depende de la intención y la voluntad que pongas al hacerlo. De repente, un día, te darás cuenta de que no hay pensamientos.

Estarás solo. Surgirá una alegría inmensa, mucho más grande que cuando te diste cuenta de que había desaparecido tu pensamiento pero el árbol seguía estando ahí. ¡Mil veces más grande! Será tan enorme que te sentirás desbordado por el amor.

LA TERCERA ETAPA: cuando ocurra esto, habrá llegado el momento de observar al observador. Ahora ya no hay objetos. Las cosas han desaparecido, los pensamientos han desaparecido; ahora estás solo. Simplemente observa a ese observador, sé testigo del que atestigua.

Al principio te costará un poco de esfuerzo porque solo sabemos observar *algo*, una cosa o un pensamiento. Pero ahora solo queda el observador. Tendrás que volverte hacia ti mismo.

Esta es la llave secreta. Descansando en esta soledad, en un determinado momento ocurrirá. Es inevitable. Si te han ocurrido las dos primeras cosas, esto también ocurrirá, no te preocupes.

Cuando te ocurra, por primera vez sabrás lo que es la alegría. La alegría no es algo que te ocurra a ti, de modo que no te la pueden quitar. Forma parte de tu auténtico ser, es tu auténtico ser. Ahora nadie te la puede quitar. Ya no puedes perderla. Has llegado a tu casa.

Cita del día

La vida es más bella cuando hay un poco de locura. No pretendas ser un sabio absoluto. Un poco de tontería también le agrega un toque de gracia a la sabiduría. Un poco de tontería le añade humor, humildad. Una persona realmente sabia también hace tonterías.

—Osho

Notas

DÍA 19 VIVIR CON ALEGRÍA

DÍA 20

La madurez y la responsabilidad de ser tú mismo

En una cultura obsesionada con la juventud, que pretende evitar la vejez a toda costa, Osho se atreve a lanzar una pregunta que está lejos de ser olvidada en la era del Viagra y la cirugía estética: ¿qué ventajas puede tener la aceptación del proceso de envejecimiento, en lugar de pretender aferrarnos a la juventud y a sus placeres hasta la tumba?

Osho nos vuelve a llevar a las raíces del significado de crecer, frente al de, simplemente, envejecer. Nos recuerda los placeres que solo puede proporcionarnos la madurez en las relaciones con los demás y en el cumplimiento de nuestro destino personal.

La meditación de hoy se llama «Completa tu día».

Por la noche, dedicaremos media hora a hacer un repaso del día y a completar todo lo que se haya quedado incompleto.

VISIÓN DE OSHO

¿Qué significa la madurez?

La madurez es lo mismo que la inocencia, pero con una diferencia: es volver a encontrar la inocencia, es recobrar la inocencia. Todos los niños son inocentes al nacer, pero la sociedad los corrompe. Todas las sociedades, hasta ahora, han influenciado al niño para corromperlo. Todas las culturas explotan la inocencia de los niños, los explotan, los convierten en esclavos, los condicionan para sus propios intereses, para sus propias necesidades, ya sean políticas, sociales o ideológicas. Su intención es reclutar a los niños como esclavos para algún fin. Y ese fin lo deciden los poderes fácticos. Los sacerdotes y los políticos están llevando a cabo juntos una gran conspiración.

En cuanto un niño empieza a formar parte de la sociedad pierde algo muy valioso, porque cada vez está más vinculado a la mente. Y el corazón es el puente que le conduce a su ser; no puedes llegar a tu ser si no es a través del corazón, es imposible. No hay ningún camino directo de la cabeza al ser; siempre hay que ir a través del corazón. Todas las sociedades quieren destruir el corazón, están en contra del amor, en contra de los sentimientos. Tachan a los sentimientos de sentimentalismo. Siempre se ha criticado a los amantes, a lo largo de todas las épocas, por el simple hecho de que el amor no pertenece a la cabeza, sino al corazón. Una persona que sea capaz de amar acabará descubriendo su ser en un momento u otro. Esa persona no tiene ataduras. Es libertad pura.

La madurez significa recobrar tu inocencia perdida, recuperar tu paraíso, volver a ser un niño. Por supuesto, con una diferencia, porque los niños se pueden corromper, pero en cuanto recuperas tu infancia, te vuelves incorruptible. Nadie te podrá corromper, serás lo suficientemente inteligente para que esto no ocurra. Eres consciente de lo que te ha hecho la sociedad y ahora estarás atento y alerta y no permitirás que te vuelva a ocurrir.

La madurez es volver a nacer, es un nacimiento espiritual. Vuelves a nacer, vuelves a ser un niño. Empiezas a ver la existencia con una mirada fresca. Abordas la vida con el corazón lleno de amor. Te adentras en el núcleo de tu ser con silencio e inocencia. Ya no eres únicamente la cabeza. Ahora usas la cabeza, pero para ponerla a tu servicio. Primero te conviertes en el corazón, y después también lo trasciendes…

Ir más allá de los pensamientos y de las emociones y, simplemente, ser es madurez. La madurez es el florecimiento máximo de la meditación.

Para conocer la verdadera belleza de tu infancia, primero tienes que perderla; de lo contrario, nunca la conocerás.

DÍA 20: La madurez y la responsabilidad de ser tú mismo

Un pez nunca sabrá dónde está el mar hasta que un día lo saques del agua y lo eches en la arena bajo el sol ardiente; entonces sí sabrá dónde está el mar. Ahora estará deseando estar en el agua y hará todo el esfuerzo que sea necesario para volver al mar, para zambullirse en el agua. Aunque siga siendo el mismo pez, ya no es el mismo. Aunque siga siendo el mismo mar, ya no es el mismo porque el pez ha aprendido la lección. Ahora es consciente y lo sabe: «Esto es el mar y es mi vida. No puedo existir sin el mar, formo parte de él».

Todos los niños tienen que perder la inocencia para recobrarla. Perderla solo es una parte del proceso. Muchos la han perdido, pero muy pocos la han recobrado. En cuanto te des cuenta de que pertenecer a la sociedad, a una religión o a una cultura es seguir siendo infeliz, seguir siendo prisionero, empezarás a despojarte de tus cadenas. Llegarás a la madurez. Recobrarás tu inocencia.

La madurez es vivir en el presente, ser plenamente consciente y estar alerta de toda la belleza y el esplendor de la vida.

MEDITACIÓN:
COMPLETA TU DÍA

Osho dice que «todas las cosas tienen un mecanismo intrínseco que las impulsa a completarse. Una semilla quiere convertirse en árbol, un niño quiere convertirse en un joven, una fruta verde quiere madurar, y así sucesivamente. Todas las cosas se quieren completar, tienen la necesidad innata de completarse. Y ocurre lo mismo con cualquier experiencia. Todas las noches, antes de irte a dormir, completa tu día. Para la existencia, el día ha dejado de existir, de modo que es inútil seguir cargando con él en la mente. Acaba con él. Dile adiós…

»Resérvate media hora todas las noches, y esta será tu meditación: terminar las cosas. Empieza desde la mañana y termina todo lo que haya quedado incompleto. Te asombrarás de que sea posible terminarlo. Y cuando lo hayas completado, te quedarás dormido.»

Técnica

Completa con la mente todo lo que se haya quedado incompleto a lo largo del día. Ibas por la calle y viste a una persona muy triste y afligida, y te apetecía darle un abrazo. No es algo que puedas hacer con un extraño, por eso no lo hiciste. Antes de dormir, durante media hora haz un repaso de todo el día y fíjate en lo que se ha quedado incompleto. Completa esos momentos psicológicamente, abraza a esa persona, tómala de la mano para que sepa que la comprendes. Si alguien te ha insultado o te ha faltado al respeto y tenías ganas de darle una bofetada pero no lo has hecho porque te habría costado muy caro y no querías pagar ese precio, puedes hacerlo antes de dormirte. Vuelve a revivir cualquier momento que creas que se ha quedado incompleto y no sigas cargando con él.

Puedes hacer esta meditación siempre que quieras.

Cita del día

Todo lo que hagas con totalidad estará completo y no cargarás con una memoria psicológica de ello. Cuando no terminas una cosa, vas cargando con ella, continúa estando, siempre queda un vestigio. La mente lo quiere seguir haciendo para completarlo. La mente tiene la inmensa tentación de terminar las cosas. Cuando terminas algo, la mente desaparece. Si haces las cosas completamente, un día te darás cuenta de que la mente ya no está. La mente es el pasado acumulado de todas las acciones incompletas.

—Osho

Notas

DÍA 20 LA MADUREZ Y LA RESPONSABILIDAD DE SER TÚ MISMO

DÍA 21
Zorba el Buda

Hoy vamos a presentaros a «Zorba el Buda», la visión de Osho del nuevo ser humano completo que no está dividido entre lo material y lo espiritual, de una persona capaz de celebrar todos los aspectos de la vida.

Zorba el griego, como lo describe Nikos Kazantzakis en su novela *Zorba el griego*, interpretado por Anthony Quinn en la famosa película del mismo nombre, representa una de las dimensiones de este nuevo ser humano. Zorba es un hombre que abarca los placeres físicos a través de todos los sentidos. Disfruta de su vida en todo lo posible. Zorba tiene una naturaleza juguetona.

Buda representa la otra dimensión de este nuevo ser humano, la encarnación de lo espiritual, el silencio y la conciencia que hay más allá del mundo material, o que está oculta en sus profundidades.

Para Osho, estos dos aspectos son complementarios, no opuestos, y señala que lo que ha llevado a la humanidad al borde de la locura ha sido esta división. La visión de Osho es una síntesis de Zorba y de Buda, «Zorba el Buda».

La meditación de hoy te dará un atisbo de lo que ocurre cuando Zorba y Buda se convierten en una sola persona. Aumenta el placer de los sentidos al mismo tiempo que te permite experimentar una atención silenciosa.

VISIÓN DE OSHO

A veces, cuando hablas, veo la imagen de una vida como la de Zorba el griego —comer, beber y ser feliz—, lujuriosa y apasionada, y pienso que ese es el camino. Otras veces creo que estás diciendo que el camino es sentarse en silencio y observar de forma imperturbable, como un monje. Tengo la sensación de que has conseguido integrar estas contradicciones, pero ¿cómo podemos ser al mismo tiempo Zorbas movidos por la pasión y el deseo y Budas desapasionados, tranquilos y serenos?

Esta es la síntesis suprema: el Zorba que se convierte en un buda. Lo que estoy intentando crear aquí no es un Zorba el griego, sino un Zorba el Buda.

Zorba es maravilloso, pero le falta algo. Posee la tierra, pero le falta el cielo. Es terrenal, está arraigado, es como un cedro gigantesco, pero le faltan las alas. No puede volar hacia el cielo. Tiene raíces pero le faltan las alas.

Comer, beber y celebrar, en sí mismo, está bien, no es malo, pero falta algo. Te cansarás enseguida. No puedes pasarte la vida comiendo, bebiendo y siendo feliz. Enseguida, ese alegre tiovivo se convertirá en un tiovivo triste, porque es repetitivo. Solo una mente muy mediocre puede ser feliz simplemente con esto. Si eres un poco inteligente, llegará un momento que verás la futilidad de todo esto. ¿Cuánto tiempo puedes seguir comiendo, bebiendo y siendo feliz? Antes o después, tendrá que surgir la siguiente pregunta: ¿qué sentido tiene todo esto? ¿Por qué? No es posible seguir evitando esta pregunta durante mucho tiempo. Y si eres muy inteligente, siempre estará presente aporreándote el corazón hasta encontrar una respuesta: «¡Contéstame! *¿Por qué?*»

Tienes que tener en cuenta una cosa: a una persona que es pobre, a una persona que pasa hambre, la vida no le ha decepcionado. No le puede decepcionar. Si todavía no ha vivido, ¿cómo le va a decepcionar? Todavía tiene esperanzas. Un pobre siempre tendrá esperanzas. Un pobre siempre estará deseando que ocurra algo, estará esperando que ocurra algo. Si no es hoy, será mañana o pasado mañana. Si no es en esta vida, será en la próxima.

¿Tú qué crees? ¿Quiénes son los que han descrito el cielo como un club nocturno? Son personas que pasan hambre, son pobres que no han podido vivir la vida y están proyectando todos sus deseos en el cielo. En el cielo corren ríos de vino.

No han disfrutado de esta vida porque estaban muertos de hambre. ¿Cómo van a estar decepcionados? No la han experimentado, y la única forma de darte cuenta de la futilidad de la vida es a través de la experiencia. Solo los Zorbas pueden conocer la futilidad de todo.

Buda mismo fue un Zorba. Tuvo a las mujeres más bellas que había en su país. Su padre se encargó de que estuviera rodeado de las chicas más bellas. Tenía los palacios más maravillosos, uno para cada estación. Tenía todo el lujo que te puedas imaginar o que pudiera haber en esa época. Vivía como Zorba el griego; por eso, cuando solo tenía veintinueve años, se sintió profundamente decepcionado. Era un hombre muy inteligente. Si hubiese sido una persona mediocre, habría seguido viviendo así. Pero enseguida se dio cuenta de que todo era repetitivo, de que siempre era lo mismo. Comer todos los días, hacer el amor cada día con una mujer distinta..., porque podía acceder a una mujer distinta cada día. ¿Hasta cuándo...? Después de algún tiempo estaba harto.

La experiencia de la vida es muy amarga. Solo es dulce en la imaginación, pero en la realidad es muy amarga. Él huyó del palacio, de las mujeres, de las riquezas, de los lujos y todo lo demás...

Por eso no estoy en contra de Zorba el griego, porque él es la base de Zorba el Buda. Buda surge a través de esa experiencia. Yo estoy completamente a favor de este mundo, porque sé que solo podrás experimentar el otro mundo a través de este. De modo que no te digo que huyas de él ni que te conviertas en un monje. Un monje es una persona que está en contra de Zorba; es un escapista, un cobarde; ha hecho las cosas deprisa porque carece de inteligencia. No es una persona madura. Un monje es una persona inmadura, codiciosa; anhela el otro mundo pero lo quiere demasiado pronto, antes de que haya llegado el momento, porque todavía no ha madurado.

Debes vivir en este mundo porque es el mundo lo que te hace madurar, desarrollarte, tener integridad. Los desafíos de la vida te obligan a centrarte, a tomar conciencia. Y esa conciencia se convierte en una escalera. Entonces podrás ir del Zorba al Buda.

Pero vuelvo a repetir que solo los Zorbas se convertirán en budas, y Buda nunca fue un monje. Un monje es alguien que no ha sido un Zorba, solo ha quedado hipnotizado por las palabras de los budas. Un monje es un imitador, es falso, es de mentira. Se dedica a imitar a los budas, da lo mismo que sea católico, budista o jainista.

Solo puedes llegar a lo más elevado si has vivido lo inferior. Solo puedes merecer lo más elevado cuando has ido a través de la agonía y el éxtasis de lo inferior. La flor de loto, antes de convertirse en una flor, tiene que abrirse paso por el lodo, y el lodo es el mundo. El monje ha huido del lodo, por eso nunca se convertirá en una flor de loto. Es como si una semilla de loto tuviera miedo de caer en el fango, quizá por orgullo: «¡Soy una semilla de loto, no puedo caer en el fango!» De ese modo nunca dejará de ser una semilla, nunca se convertirá en una flor de loto.

A mí me gustaría que estuvieras arraigado en la tierra y no anhelaras el otro mundo. Vive este mundo y hazlo con intensidad, con pasión. Vívelo con totalidad, con todo tu ser. Y gracias a esa confianza absoluta y a esa vida de pasión, amor y alegría serás capaz de ir más allá.

El otro mundo está escondido dentro de este. Buda está dormido dentro del Zorba. Hay que despertarlo, y nadie puede hacerlo excepto la vida misma.

Yo estoy aquí para ayudarte a ser total dondequiera que estés; vive el estado en el que estés con totalidad, independientemente del que sea. Solo podrás trascender algo si lo vives con totalidad.

Primero tienes que convertirte en un Zorba, en una flor de esta tierra, y a través de ella podrás adquirir la capacidad de convertirte en un buda, en una flor del más allá. El otro mundo no está lejos de este, el otro mundo no está enfrentado a este, sino escondido dentro de él; este mundo solo es una manifestación del otro, y el otro es la parte no manifestada.

MEDITACIÓN:
CONVIÉRTETE EN EL SABOR DE LA COMIDA O LA BEBIDA

Cuando Osho habla de «experimentar el otro mundo a través de este», y cuando dice que «el otro mundo está escondido dentro de este, o que Buda está dormido dentro del Zorba», y que «el otro mundo no está enfrentado a este, sino que es una manifestación de este», ¿cómo podemos experimentarlo? ¿Cómo podemos eliminar la «división» interna entre nuestro «Zorba» y nuestro «Buda» para que vuelvan a ser uno?

Una vez más, la clave está en «ser total» en alguna actividad en el aquí y ahora. El método de hoy es muy sencillo, instantáneo y agradable. Puedes practicarlo durante la próxima comida o en el almuerzo de hoy. Resérvate un poco más de tiempo para esa comida.

Antes de hacerlo, vuelve a leer las instrucciones para refrescarte la memoria y ayudarte a prepararte para hacerlo. Es más fácil si estás solo, pero puedes ponerte de acuerdo con tus amigos o con tu familia para hacerlo juntos durante unos diez o quince minutos, y luego volver a la normalidad y seguir charlando como lo haces habitualmente en la comida.

Técnica

A continuación encontrarás la explicación de este método que nos ofrece Osho en *El libro de los secretos:*

«Cuando estés comiendo o bebiendo, conviértete en el sabor de la comida o la bebida, y deja que te llene.

»La próxima vez que te dispongas a comer o a beber, hazlo lentamente para ser consciente del sabor de la comida. Solo puedes ser consciente si lo haces más despacio. No te tragues las cosas, saboréalas sin prisa y sé consciente de su sabor. Cuando sientas el dulzor, conviértete en el dulzor. Y entonces lo sentirás por todo tu cuerpo, no solo en la boca o en la lengua, ¡sino por todo el cuerpo! Una especie de dulzura —o cualquier otra sensación— se esparcirá en oleadas. Siente el sabor de lo que estés comiendo y conviértete en él.

Si bebes agua, nota su frescor. Cierra los ojos y bébela lentamente, saboréala. Siente su frescor y nota cómo te conviertes en ese frescor, porque se transfiere desde el agua a ti; se vuelve parte de tu cuerpo. Tu boca y tu lengua están en contacto con el agua, y de ese modo te transfiere su frescor. Deja que le ocurra a todo tu cuerpo. Deja que las ondas se extiendan y sentirás el frescor en todo tu cuerpo. Así podrás aumentar tu sensibilidad y estar más vivo y más pleno.»

¡Eso es todo! Hazlo siempre que quieras y durante el tiempo que quieras. Así podrás tener un atisbo de lo que es ser «Zorba el Buda» y aumentar fácilmente el placer de los sentidos y, al mismo tiempo, la atención silenciosa, y también podrás jugar con este principio en otras dimensiones de tu vida.

Cita del día

Todo el mundo te dice que pases desapercibido. ¿Por qué? ¿Por qué vas a vivir una vida tan limitada, por qué vas a pasar desapercibido? Salta todo lo que puedas. Baila con todo el desenfreno que puedas.

—Osho

Notas

DÍA 21 ZORBA EL BUDA

Lecturas recomendadas por temas

TEMA	LECTURA RECOMENDADA
DÍA 1 ¿Qué es la meditación?	*Meditación: La primera y última libertad*
DÍA 2 Meditaciones sobre el amor y las relaciones	*Aprender a amar: Enamorarse conscientemente y sin miedos*
DÍA 3 Meditaciones sobre la ira	*Bienestar emocional: Superar el miedo, el odio y los celos*
DÍA 4 Vivir equilibradamente	*Tao: Cuando el zapato es cómodo... te olvidas del pie*
DÍA 5 El amor y la meditación van de la mano	*Tantra: La suprema comprensión*
DÍA 6 Vivir peligrosamente	*Vivir peligrosamente en tiempos extraordinarios*
DÍA 7 Observar la mente	*El libro de la comprensión: Trazando tu propio camino hacia la libertad*
DÍA 8 Hay que ser inteligente para ser feliz	*Alegría: La felicidad que surge del interior*
DÍA 9 Integrar el cuerpo, la mente y el alma	*El equilibrio cuerpo-mente*

DÍA 10 Reducir la velocidad	*El libro de la vida y la muerte*
DÍA 11 Todo el mundo es creativo	*Creatividad: Liberando las fuerzas internas*
DÍA 12 Intuición - Contemplar desde el interior	*Intuición: El conocimiento que trasciende la lógica*
DÍA 13 Meditación y condicionamiento	*Meditación para gente ocupada*
DÍA 14 Cómo dejar de juzgar a la gente	*Palabras de un hombre de silencio*
DÍA 15 El arte de escuchar	*Pepitas de oro*
DÍA 16 Relajarse a través de la atención	*El libro de los chakras: La energía y el poder sanador de los cuerpos sutiles*
DÍA 17 Aceptar todas tus partes	*La magia de ser tú mismo*
DÍA 18 Sexo, amor y meditación	*El libro del sexo: Del sexo a la superconsciencia*
DÍA 19 Vivir con alegría	*Enamorado de la vida: Reflexiones sobre «Así habló Zaratustra» de Friedrich Nietzsche*
DÍA 20 La madurez y la responsabilidad de ser tú mismo	*Dijo el Buda... El reto de las dificultades de la vida*
DÍA 21 Zorba el Buda	*La búsqueda: Descubre tu fuerza interior, tu potencial*

Resort de Meditación Osho International

UBICACIÓN

Situado a 160 kilómetros de Mumbai, en la moderna y próspera ciudad de Pune, en la India, el Resort de Meditación Osho International es un maravilloso lugar para pasar las vacaciones. El Resort de Meditación se extiende sobre una superficie de más de 16 hectáreas, en una zona residencial preciosa y poblada de árboles.

MEDITACIONES OSHO

Un programa diario de meditaciones para cada tipo de persona que incluye métodos activos y pasivos, tradicionales y revolucionarios, y particularmente las Meditaciones Activas OSHO™. Las meditaciones tienen lugar en la sala de meditación más grande del mundo, el Auditorio OSHO.

OSHO MULTIVERSITY

Acceso a sesiones individuales, cursos y talleres, que abarcan desde las artes creativas hasta los tratamientos holísticos, pasando por la transformación y la terapia personales, las ciencias esotéricas, el enfoque zen de los deportes y otras actividades recreativas, problemas de relación y transiciones vitales importantes para hombres y mujeres. El secreto del éxito de la Multiversity OSHO reside en el hecho de que todos los programas se complementan con meditación, apoyo y la comprensión de que, como seres humanos, somos mucho más que una suma de todas las partes.

OSHO BASHO SPA

El lujoso Basho Spa dispone de una piscina al aire libre rodeada de árboles y de un jardín tropical. Un singular y amplio *jacuzzi*, saunas, gimnasio, pistas de tenis…, todo ello realzado por la belleza de su entorno.

RESTAURACIÓN

Los cafés y restaurantes al aire libre del Resort de Meditación sirven cocina tradicional hindú y platos internacionales, todos ellos confeccionados con vegetales ecológicos cultivados en la granja del Resort de Meditación. El pan y las tartas se elaboran en el horno del *resort*.

VIDA NOCTURNA

Por la noche hay muchos eventos entre los que elegir, ¡y el baile está en el primer lugar de la lista! Hay también otras actividades, como la meditación de luna llena bajo las estrellas, espectáculos, conciertos de música y meditaciones para la vida diaria. O, simplemente, puedes disfrutar encontrándote con gente en el Plaza Café, o paseando por la noche en la tranquilidad de los jardines en un entorno de ensueño.

SERVICIOS

En la Galleria encontrarás productos básicos y artículos de perfumería. En la Multimedia Gallery se puede adquirir un amplio abanico de productos OSHO. En el campus encontrarás también un banco, una agencia de viajes y un cibercafé. Si estás interesado en hacer compras, en Pune encontrarás desde productos tradicionales y étnicos indios hasta todas las franquicias internacionales.

ALOJAMIENTO

Puedes alojarte en las elegantes habitaciones del OSHO Guesthouse, o bien optar por un paquete del programa OSHO Living-in, si se trata de una estancia más larga. Además, hay una gran variedad de hoteles y apartamentos con todos los servicios en las proximidades.

www.osho.com/meditationresort

www.osho.com/guesthouse

www.osho.com/livingin

Acerca del autor

www.OSHO.com

Una página web en varias lenguas, que ofrece una revista, libros, audios y vídeos Osho y la Biblioteca Osho con el archivo completo de los textos originales de Osho en inglés y en hindi, y una amplia información sobre las meditaciones Osho. También encontrarás el programa actualizado de la Multiversity Osho e información sobre el Osho International Meditation Resort.

Visita además:

http://OSHO.com/resort

http://OSHO.com/magazine

http://OSHO.com/shop

http://www.youtube.com/OSHO

http://www.oshobytes.blogspot.com

http://www.Twitter.com/OSHOtimes

http://www.facebook.com/OSHOespañol

http://flickr.com/photos/oshointernational

Para contactar con OSHO International Foundation, dirígete a:

www.osho.com/oshointernational

oshointernational@oshointernational.com

ACERCA DE OSHO

Osho desafía la categorización. Sus miles de charlas abarcan desde la búsqueda individual hasta los asuntos sociales y políticos más urgentes de la sociedad actual. Sus libros no han sido escritos, sino transcritos a partir de las grabaciones de audio y vídeo de las charlas improvisadas que ha dado a una audiencia internacional. Como él mismo dice: «Recuerda: todo lo que digo no es solo para ti…, hablo también a las generaciones del futuro». El diario londinense *The Sunday Times* ha descrito a Osho como uno de los «mil artífices del siglo xx», y el escritor estadounidense Tom Robbins como «el hombre más peligroso desde Jesucristo». El *Sunday Mid-Day* (India) ha seleccionado a Osho como una de las diez personas (junto a Gandhi, Nehru y Buda) que han cambiado el destino de la India. Acerca de su trabajo, Osho ha dicho que está ayudando a crear las condiciones para el nacimiento de un nuevo tipo de ser humano. A menudo ha caracterizado a este ser humano como Zorba el Buda: capaz de disfrutar de los placeres terrenales, como Zorba el griego, y de la silenciosa serenidad de Gautama Buda. En todos los aspectos de la obra de Osho, como un hilo conductor, aparece una visión que conjuga la intemporal sabiduría oriental y el potencial, la tecnología y la ciencia occidentales. Osho también es conocido por su revolucionaria contribución a la ciencia de la transformación interna, con un enfoque de la meditación que reconoce el ritmo acelerado de la vida contemporánea. Sus singulares «meditaciones activas» están destinadas a liberar el estrés acumulado en el cuerpo y la mente, y a facilitar una experiencia de tranquilidad y relajación libre de pensamientos en la vida diaria.

En español hay disponibles dos obras autobiográficas del autor, tituladas:

Autobiografía de un místico espiritualmente incorrecto

Vislumbres de una infancia dorada

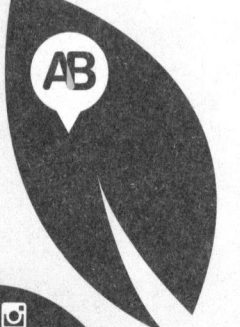